Walter Meyer-Bohe   Fassaden

Elemente des Bauens

Walter Meyer-Bohe

Fassaden

Bekleidung
Verblendung
Hinterlüftete Außenwände

Verlagsanstalt
Alexander Koch GmbH

ISBN 3 87422 543 7

© 1975 by Verlagsanstalt Alexander Koch GmbH, Stuttgart. Alle
Rechte vorbehalten, insbesondere die des Abdrucks, der photomecha-
nischen Wiedergabe und der Übersetzung in fremde Sprachen. Druck:
Gulde-Druck, Tübingen. Bindearbeiten: Heilig, Stuttgart. Umschlagge-
staltung: Dieter Kärcher. Printed in Germany. Imprimé en Allemagne.

Bestellnummer: 543

Inhaltsverzeichnis

Einleitung

Bei Außenwandkonstruktionen unterscheidet man Bekleidungen, Verblendungen und Curtain-Wall-Fassaden. Diese Gliederung setzt eine konsequente Trennung der Baukonstruktionen in Primärstruktur (Tragwerk) und Sekundärstruktur (Fassade und Ausbau) voraus.

Die Aufgabe der Außenwand besteht in der Erfüllung folgender Forderungen: Schutz vor Regen, Schmutz und Wind, Dämung gegen Lärm, Kälte und Hitze, Speicherung der eigenen Wärme aus dem Raum, Öffnung zum Einlaß von Licht und Luft, Abschluß vor der Umwelt durch Umfassungswände.

Dabei ist das Verhältnis von Öffnungs- und Wandflächen ein wesentliches Problem, das zugleich gestalterisch wirksam wird. Beide Extreme, nämlich die voll verglaste und die voll geschlossene Außenwand, sind technisch möglich. Praktischerweise wird jedoch ein Teil der Fassade geöffnet und ein anderer Teil geschlossen.

Dabei führt eine Kosten-Nutzung-Analyse zu folgender Kostenauswirkung:

Beispiel:

Wandaufbau	k-Wert	Wärme-schutz	Ca.-Preis
1 m^2 Wandfläche Mauerwerk + Wärmedämmung + Putz	k = 1	100%	100%
1 m^2 Fensterfläche Holzrahmen, Isolierverglasung	k = 3	33%	200%
1 m^2 Vorhang-Fassade	k = 3	33-100%	500%

Anlage- und Betriebskosten von Heizung und Lüftung sind dabei noch nicht berücksichtigt. Sie verschlechtern die Ergebnisse, d.h. die langfristige Rentabilität, um weitere 10 bis 30 %. Aus dem Zahlenvergleich ergibt sich die Aufwendigkeit großer Glasflächen.

Die Konstruktion großer Glasflächen läßt sich konstruktiv und bauphysikalisch jedoch völlig beherrschen, wenn Klarheit über den Preis besteht.

Die Naturgesetze, wie sie durch die Bauphysik bekannt sind, stehen häufig im Widerspruch zur Wirtschaftlichkeit und zum Wunschdenken angestrebter Baukonstruktionen. Hier sollten deshalb Korrekturen erlaubt sein.

Die Lösung der Fassade gliedert sich in mehrere Aufgabenbereiche, nämlich:

Bauphysik: Wandaufbau nach rechnerisch kontrollierbaren Bewertungsmaßstäben des Wärme-, Schall- und Feuchtigkeitsschutzes

Statik: Klare Trennung des Tragwerks von der Wandbildung

Hochhausprojekt. Arch. Prof. Hentrich und Petschnigg

Das Gesicht der Großstadt New York

Konstruktion: Richtige Wahl und Verbindung der Baumaterialien.
Detailbearbeitung
Wirtschaftlichkeit
Rentabilitätsberechnungen über Herstellungs- und Betriebskosten für eine optimale Lösung.
Gestaltung: Harmonische Reihung und Ordnung, Überwindung von Monotonie. Ausprägung von Maßordnungen; molekulare Strukturen.
Alle diese Forderungen müssen gleichermaßen erfüllt werden, wenn eine Lösung als gut bezeichnet werden soll.

Walter Meyer-Bohe

Town Hall Tel Aviv. Arch. Cohen

Wohnsiedlung Le Lignon bei Genf/Schweiz. Standardisierte Fassadenelemente

Time + Life Building, Chicago. Arch. Weese

Satellitenstadt im Rhonetal bei Genf/Schweiz

Hochhausturm in Sidney. Arch. Seidler

Wohnhochhaus bei Luzern/Schweiz. Beton-Groß-plattenbau

Hochhaus am Wiener Platz in Köln-Mülheim. Betonfertigteile als verlorene Schalung

Vertikale Fassadengliederungen. Photomontage

Horizontale Fassadengliederung. Siedlung Halen bei
Bern. Arch. Atelier 5

Straßburger Münster. Gezeichnete Fassade. Vertikale Struktur

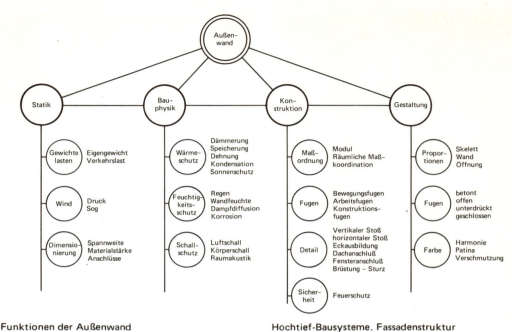

Funktionen der Außenwand

Außen-wand			
Statik	**Bau-physik**	**Kon-struktion**	**Gestaltung**
Gewichte lasten — Eigengewicht Verkehrslast	Wärme-schutz — Dämmerung Speicherung Dehnung Kondensation Sonnenschutz	Maß-ordnung — Modul Räumliche Maß-koordination	Propor-tionen — Skelett Wand Öffnung
Wind — Druck Sog	Feuchtig-keits-schutz — Regen Wandfeuchte Dampfdiffusion Korrosion	Fugen — Bewegungsfugen Arbeitsfugen Konstruktions-fugen	Fugen — betont offen unterdrückt geschlossen
Dimensio-nierung — Spannweite Materialstärke Anschlüsse	Schall-schutz — Luftschall Körperschall Raumakustik	Detail — Vertikaler Stoß horizontaler Stoß Eckausbildung Dachanschluß Fensteranschluß Brüstung – Sturz	Farbe — Harmonie Patina Verschmutzung
		Sicher-heit — Feuerschutz	

Hochtief-Bausysteme. Fassadenstruktur

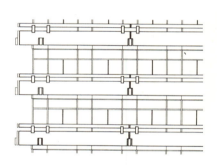

Geputzte Fassade Haus Mila in Barcelona. Arch. Gaudi

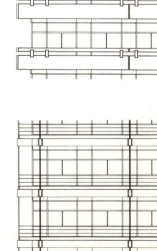

1. Verblendungen
Vermörtelte Konstruktionen

1.1 Sichtmauerwerk

Als Verblender kommen Hochbauklinker, Vormauersteine sowie Kalksandsteine infrage; Vormauersteine können jedoch auf Grund ihrer Porösität und Kapillarstruktur Wasser aufnehmen, speichern und wieder abgeben. Verblendflächen aus Vormauersteinen behindern die Dampfdiffusion nicht, sie erfolgt bei gefügedichten Steinen vorwiegend über die Fugen.

Baustoffe:
1. Keramikklinker DIN 105
Keramikklinker sind frostbeständige gesinterte Baustoffe mit einem Wasseraufnahmevermögen von max. 6 Gewichts-%. Für die verschiedenen Klinkerarten gelten folgende Kurzzeichen:
KK Vollklinker
KHK Keramik-Hochlochklinker
Bezeichnung: z. B. eines Keramik-Hochlochklinker mit Lochung B von Ziegelrohdichte 1,6 kg/dm^3, Länge x Breite x Höhe = 240 mm x 115 mm x 52 mm (= DF):
Keramik-Hochlochklinker KHK B 1,6/240x 115x52 DIN 105 Blatt 4
Kurzbezeichnung: KHK B 1, 6DF DIN 105.
Die Mindestdruckfestigkeit beträgt 750 kp/cm^2 und die Scherbenrohdichte 2,0 kg/dm^3.

Keramikklinker KK oder KHK

Ziegel-Rohdichte kg/dm^3	Ziegel-Festigkeit $\geq$ kp/cm^2	Ziegelabmessungen cm L	B	H	Format Kurzzeichen in NF	DF
1,4						
1,6		24	11,5	5,2	—	1
1,8	750	24	11,5	7,1	1	—
2,0		24	11,5	11,3	11/2	2
2,2						

Klinker-Maße

Zeile	a Abmessung	b Nennmaß	c Kleinstmaß	d Größtmaß	e Maßspanne t
1	Länge l	240	235	245	8
2	Breite b^1	115	112	118	4
3		52	50	54	3
4	Höhe h	71	69	73	3
5		115	112	118	4

Schule Gadeland. Arch. Hain, Bülk, Sye

Ernährungsministerium Kiel, Arch. Prof. Zinsser,
Roter Stein, rot verfugt

Wohnsiedlung Canada Estate, London, Arch. Bennett

Atriumhäuser in Oslo, Arch. Mari + Gollik

Atelierhaus in Irland. Wilder Verband.
Arch. Prof. Schürmann
Kalksandstein-Verblendung

Kindergarten in Basel, Arch. Suter + Suter

2. Hochfeste Ziegel und Klinker DIN 105

Ziegel nach dieser Norm zeichnen sich durch besonders hohe Druckfestigkeit von mindestens 450 kp/cm^2 (45 N/mm^2) aus. Ist die Frostbeständigkeit nachgewiesen, so gelten sie als Vormauerziegel. Ziegel, die bis zu Sinterung gebrannt und frostbeständig sind und deren mittlere Scherben-Rohdichte mindestens 1,9 kg/dm^3 beträgt, werden Klinker genannt.

Hochfeste Ziegel Mz oder HLz und Klinker KMz oder KHLz

Ziegel-Rohdichte kg/dm^3	Ziegel-Festigkeit $\leqq$ kp/cm^2	Ziegelabmessungen cm L	B	H	Format Kurzzeichen in NF	DF
1,2		24	11,5	5,2	—	1
1,4		24	11,5	7,1	1	—
1,6	450	24	11,5	11,3	11/2	2
1,8	600	24	17,5	11,3	21/4	3
2,0	750	24	24	11,3	3	4
2,2		30	24	11,3	33/4	5

Vollklinker und Hochlochklinker müssen eine mittlere Scherben-Rohdichte von mindestens 1,90 kg/dm^3 (kleinster Einzelwert 1,80 kg/dm^3 haben. Die Ziegel-Rohdichte wird nach DIN 105, Ausgabe Juli 1969, Abschnitt 2.3, geprüft.

Druckfestigkeitsgruppen

Druckfestigkeiten in kp/cm^2 (N/mm^2)

Mittelwert	Kleinster Einzelwert
450 (45)	300 (30)
600 (60)	520 (52)
750 (75)	660 (66)

Es gelten folgende Druckfestigkeitsgruppen:

Farbmarkierung

Farbmarkierung	Druckfestigkeitsgruppe
ein violetter Streifen	600 (60)
zwei schwarze Streifen	750 (75)
drei schwarze Streifen	450 (45)

3. Kalksandsteine DIN 106

Mauersteine aus Kalk und überwiegend quarzhaltigen Zuschlagstoffen hergestellt, die nach Mischen durch Pressen oder Rütteln verdichtet, geformt und unter Dampfdruck gehärtet werden.
KS-Vormauersteine sind Mauersteine, die zur Verwendung in Sicht- oder Verblendmauerwerk hergestellt werden. KS-Vormauersteine sind frostbeständige Kalksandsteine mit einer Druckfestigkeit von 150, 250 oder 350 kp/cm^2. Bezeichnung: z.B. VKSV 1,8/250 NF.

Ein- und zweischaliges Sichtmauerwerk

Beim einschaligen Sichtmauerwerk werden die in der Sichtfläche liegenden Verblender im regelrechten Verband mit der Hintermauerung aufgeführt. Alle Lagerfugen laufen in der gesamten Wanddicke durch.

Da das einschalige Sichtmauerwerk im regelrechten Verband gemauert werden muß, können in Sichtfläche und Hintermauerung nur gleichformatige Steine verarbeitet werden.
Die Wand übernimmt im gesamten Querschnitt die Funktion des Regenschutzes durch vorübergehende Aufnahme, Speicherung und Wiederabgabe des Regenwassers, ohne daß es zu Durchfeuchtungen auf der Innenwandfläche kommen darf. Die Mindestdicke für wetterbeanspruchtes Mauerwerk beträgt 36,5 cm. Es muß absolut vollfugig gemauert werden. Die Dicke der Innenfuge beträgt 2 cm.
Von den Mauerwerksverbänden sind Block- und Kreuzverband für schlagregenbelastetes Ziegelsichtmauerwerk am besten geeignet, da in jeder ihrer Mauerschichten zwei Ziegelreihen liegen, die von durchgehenden Längsfugen getrennt werden.
Beim zweischaligen Verblendmauerwerk wird der Verblender als konstruktiv unabhängige Schale ohne Luftschicht vor tragende Wände gemauert.
Die Verbindung der Außenschale mit der Hintermauerung erfolgt durch Verzahnung.
Die Dicke der Verblendschale beträgt 1/2 Stein. Das Verblendmauerwerk, das nicht zugleich im Verband mit der Hintermauerung ausgeführt wird, kann auch in jeder 4. Schicht in eine in der Hintermauerung ausgesparte Verzahnung eingreifen.
Diese Verzahnung bedingt ein gleichzeitiges Hochziehen von Hintermauerung und Verblendung. Die Ausbildung einer durchgehend geschlossenen Mörtelscheibe innerhalb der Schalenfuge ist nicht möglich, da die Schlagregensicherheit dabei gefährdet wird. Eine Feuchtigkeitsübertragung von den in die Hintermauerung eingreifenden Verblendern kann da-

durch verhindert werden, daß die einzubindenden Köpfe in Bitumenmasse getaucht werden. Dieses Verfahren ist jedoch unwirtschaftlich.
Die Verbindung von Außenschale und Hintermauerung kann auch durch Drahtanker erfolgen.
Die beiden Wandschalen stehen miteinander in sattem Mörtelverband; die zwischen beiden Wandschalen durch hohlraumfreie Vermörtelung der durchgehenden Schalenfuge erzielte geschlossene Mörtelscheibe bewirkt bei Schlagregen ein Festhalten der aufgenommenen Regenfeuchtigkeit in der Verblendschale und steht bei langanhaltenden Beanspruchungen als zusätzlicher Feuchtespeicher zur Verfügung. Die tragende Wandschale soll mindestens 24 cm dick sein. Bei Verblendschalen normaler Dicke (1/2 Stein) braucht im allgemeinen zwischen den Wandschalen kein Putz auf der Hintermauerung ausgeführt zu werden, wenn eine fachgerechte mörteltechnische Ausbildung der Schalenfuge in einer Dicke von 2 cm erwartet werden kann und ein gießfähig angemachter Mörtel verarbeitet wird.
Wärmedämmstoffe sollen zwischen den Wandschalen wegen der Gefahr der Durchfeuchtung und der Vergrößerung des Wärmestaues in der Verblendschale vermieden werden. Sie behindern die Dampfdiffusion und unterbrechen das Kapillarleitvermögen der inneren Wohnfeuchtigkeit.

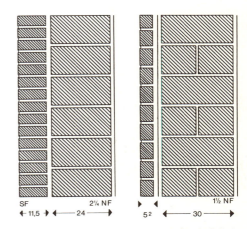

Zweischaliges Ziegelverblendmauerwerk mit Schalenfuge.

Zulässige Geschoßzahl: Abhängig von der Mauerwerkspressung, für Spannungsnachweis ist nur die Dicke der Innenschale anzusetzen.
Mindestdicke:
a) Innenschale: $\geqq$ 17,5 cm
b) Verblendmauerwerksschale: $\geqq$ 11,5 cm

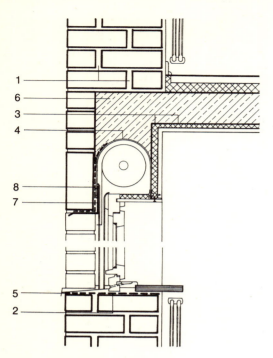

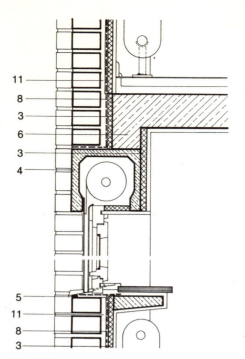

1 Vollvermörtelte Innenfuge
2 Waagerechte Abdichtung
3 Dämmschicht
4 Fertigteil
5 Elastische Fuge
6 Beton
7 Korrosionsbeständiges Metall
8 Senkrechte Abdichtung
9 Sickerpackung
10 Dränrohr
11 Sperrputz
Überlappungen an Abdichtungsbahnen sind zu verkleben

Einschaliges Ziegel-Sichtmauerwerk

Ziegelsichtmauerwerk mit Heizkörpernische und Rollladenkasten. Brüstungsmauerwerk im Läuferverband gegenüber Gebäudeflucht zurückgesetzt

Zweischalige Ziegelverblendmauer mit Schalenfuge. Verbesserung Schlagregenschutz an Fußpunkten — Öffnungen — Dachanschluß

Öffnung in Ziegelverblendmauerwerk
Fensteranschluß mit Rolladeneinbau — tragender Sturz in Verblendung
Dämmschicht vor Deckenbeton zweiseitig kaschiert

1 Verblendung
2 Schalenfuge
3 Ziegelmauerwerk
4 Waagerechte Abdichtung
5 Ausgleichmörtel
6 Senkrechte Abdichtung
7 Öffene Schalenfuge
8 Dämmschicht
9 Beton
10 Offene Stoßfugen
11 Scheitrechter Ziegelsturz oder Betonsturz
12 Korrosionsbeständiges Metall
13 Elastische Fuge
14 Putzträger
15 Korrosionsbeständiges Winkelprofil
16 Dränrohr
17 Grobkies
18 Feinkies
19 Sperrputz

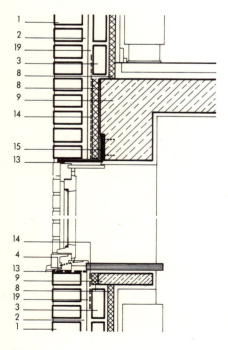

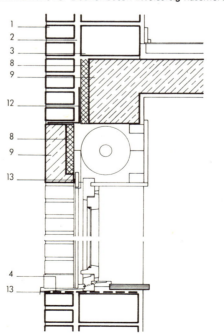

14

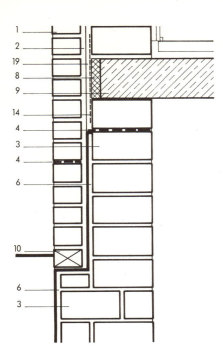

Zweischalige Ziegelverblendmauer mit Schalenfuge

1 Verblendung
2 Schalenfuge
3 Ziegelmauerwerk
4 Waagerechte Abdichtung
5 Ausgleichmörtel
6 Senkrechte Abdichtung
7 Offene Schalenfuge
8 Dämmschicht
9 Beton
10 Offene Stoßfugen
11 Scheitrechter Ziegelsturz oder Betonsturz
12 Korrosionsbeständiges Metall
13 Elastische Fuge
14 Putzträger
15 Korrosionsbeständiges Winkelprofil
16 Dränrohr
17 Grobkies
18 Feinkies
19 Sperrputz

Luftschichtmauerwerk

Luftschichtmauerwerk ist eine zweischalige Wandkonstruktion, bei der die Verblender als konstruktiv unabhängige Schale mit Abstand vor dem tragenden Mauerwerk aufgemauert werden. Der Hohlraum zwischen den Wandschalen wird belüftet.

Die Hintermauerung übernimmt allein die volle Wärmedämmung. Diese Wandkonstruktion hat sich in sturm- und regenreichen Gegenden als vorteilhaft erwiesen. Bei exakter konstruktiver Ausbildung gewährt sie den sichersten Schutz gegen Schlagregen auch unter extremen Bedingungen.

Beide Schalen müssen mindestens 11,5 cm dick ausgeführt werden. Die Luftschicht soll 7 cm betragen. Die innere Schale sollte jedoch besser 17,5 cm dick ausgeführt werden. Die Luftschicht ist auch um die Gebäudeecken herumzuführen, da voll gemauerte Eckpfeiler hier Kältebrücken darstellen. Die äußere und die innere Schale sind je qm mit mindestens 5 nichtrostenden, nach außen geneigten oder in der Mitte U-förmig ausgebildeten, etwa 3 mm dicken Drahtankern zu verbinden. Der lotrechte Abstand der Anker soll 30 cm, der waagerechte 75 cm nicht übersteigen.

An den Berührungspunkten von Außen- und Innenschale (Fußpunkt, Leibungen, Stürze) sind die Schalen durch Dichtungsbahnen sauber zu trennen. Die Abdichtungen am Fußpunkt sowie über Fenster- und Türstürzen sind mit Gefälle nach außen zu verlegen; die Dichtungsbahnen sind an der Hintermauerung je nach Format der Ziegel 2 bis 3 Schichten hochzuziehen und im Bereich der Luftschicht mit Mörtel zu unterfüttern. Waagerechte Mauerwerksabdichtungen gegen aufsteigende Feuchtigkeit und schräg nach außen verlaufende Dichtungsbahnen dürfen nicht in der gleichen Lagerfuge vorgesehen oder müssen verklebt werden. Am Mauerwerksfuß und unter der Traufe oder unter durchlaufenden Decken sind in der Außenschale Luftschlitze anzuordnen oder Stoßfugen offenzulassen, um einen ständigen Luftaustausch sicherzustellen. Der Lüftungsquerschnitt soll etwa 400 qm auf 20 qm Wandfläche (Fenster- und Türöffnungen nicht abgezogen) betragen. Die Luftschlitze sind je zur Hälfte oben und unten anzuordnen und gegeneinander in der Vertikalen zu versetzen. Die Luftschicht ist von Mörtelbrocken freizuhalten.

Beim Luftschicht-Mauerwerk mit ruhender Luftschicht wirkt die gesamte Wandstärke als Wärmeschutz. Diese Ausführung ist in Norddeutschland vorherrschend. Obwohl die Bauweise theoretisch günstige Wärmedämmwerte ergibt, ist sie konstruktiv problematisch. Häufig

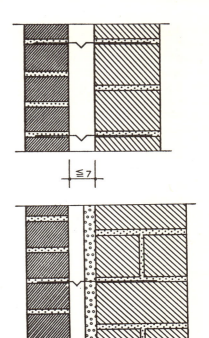

Verblendmauerwerk mit Luftschicht. Oben: KSL Innenschale ≧ 11,5 cm. Unten: äußere Verblendschale 11,5 cm VKSV

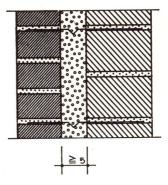

Verblendmauerwerk mit Kerndämmung. Füllung der Zwischenschicht mit Wärmedämm-Material, z.B. Hydrophobierte Perlit-Schüttung

sammelt sich im geschlossenen Schacht der Luftschicht Wasser (Regen- oder Schmutzwasser). Dieses kann zu Durchfeuchtungsschäden führen. Daher ist die Ausführung mit Be- und Entlüftung der Luftschicht günstiger.

Beim Luftschichtmauerwerk mit Wärmedämmschicht wird zur Verbesserung des Wärmedämmwertes der Wand auf der Innenschale zur Luftschicht hin eine Wärmedämmplatte angeordnet. Die Luftschicht muß mindestens 4 cm dick sein, um die Funktionsfähigkeit des Luftschichtmauerwerks zu wahren und die Bildung eines Wärmestaues in der Außenschale zu verhindern. Es sind 2 1/2 bis 3 cm dicke anorganische Platten zu empfehlen, die auf der Hintermauerung sicher zu befestigen sind.

Mauerwerk mit Feuchtesperre

Unter normalen klimatischen Bedingungen kann auf eine Feuchtesperre zwischen Verblendung und Hintermauerung verzichtet werden. Ist das verblendete Mauerwerk jedoch für die Regenbeanspruchung nicht genügend speicherfähig, muß an der Innenschale eine Feuchtesperre angeordnet werden.

Die Feuchtesperre wird folgendermaßen ausgeführt:

1. Außenseite der Innenschale vollflächig deckend mit Zementschlämme 1 : 3 RT überziehen oder
2. Putz, MG II, 1,5 cm dick.

Die Schalenfuge vor dem Putz darf nicht zu dünn angelegt werden und muß mit einem plastischen Mörtel verfüllt werden.

Ein bituminöser Schwarzanstrich auf Putz an der Außenseite der inneren Wandschale ist nachteilig. Ein solcher Anstrich verhindert den kapillaren Wassertransport von innen an die Sichtfläche.

Die Feuchtesperre ist notwendig, wenn die Verblendschale aus Riemchen hergestellt wird oder die innere Schale nicht dicker als 17,5 cm ist; sie sollte auch bei normaler Wandbauart an höher beanspruchten Wetterseiten vorgesehen werden. Auch hier soll die Verblendung schichtweise ohne Hohlräume an die abgebundene Putzscheibe angesetzt werden. Eine andere Möglichkeit ist, auf die Vorderfläche der Hintermauerung abschnittsweise einen etwa 1,5 cm dicken Sperrmörtel aufzuwerfen und die Verblendschale sofort unter Eindrücken der Verblender in den noch plastischen Bewurf vorzumauern.

Dichtungsanstriche auf Sperrputz sind bei Dampfdiffusion, z.B. bei Küchen, Bädern abzulehnen. Sie verhindern den Haftverband mit der Anschlußvermörtelung und unterbinden den Feuchteaustausch vom Rauminneren nach außen.

Wärmetechnisch sind beide Schalen wirksam; im Ziegelformat sind sie voneinander unabhängig.

Bei der Verkleidung der Stürze muß vor dem Dämmaterial ein Mörtelträger gespannt und gut in der Hintermauerung verankert werden. Klinkerschichten ohne Auflager werden mit Armierungseisen verstärkt und besonders verankert. Zwischen Fundament und Mauerwerk ist eine Isolierung gegen aufsteigende Feuchtigkeit notwendig. Bei Hohlmauerwerk wird die Isolierung mehrerer Steinschichten an der Hintermauerung hochgezogen. Die Verblendklinker müssen vollsatt im Mörtelbett verlegt werden. Nicht nur die Stoß- und Lagerfugen, sondern auch die Fuge zwischen Verblendung und Hintermauerung müssen restlos gefüllt werden. Hohlräume sind auf jeden Fall zu vermeiden.

Lagerfugen werden ca. 10—12 mm ausgeführt, Stoßfugen möglichst nicht unter 10 mm.

Fugenmörtel

Im Hinblick auf die erforderliche Witterungsbeständigkeit und Dauerhaftigkeit können für Fugenmörtel nur Mörtel der Gruppen II und III verwendet werden. Wird wegen der Materialgleichheit mit dem Mauermörtel für die Verfugung ein Mörtel der Mörtelgruppe II

in Betracht gezogen, so besteht bei Ziegelsichtmauerwerk auch die Möglichkeit, auf eine nachträglich eingebrachte äußere Verfugung zu verzichten, indem man nach Abziehen des satt verarbeiteten Mauermörtels an der Fassadenseite diesen wenig später mit einem schmalen Holzbrettchen ca. 1—2 mm hinter die Ziegelfläche zurückdrängt. Wenn jedoch nachträgliche Verfugungen vorgenommen werden, so geschieht dies üblicherweise mit Zementmörtel. Dabei hat sich ein Mischungsverhältnis von Zement: Sand = 1:3 als geeignet erwiesen, richtig abgestufter Kornaufbau vorausgesetzt.

Kalkzementmörtel, Gruppe II, DIN 1053
1 RT Portlandzement
2 RT Kalkhydrat
8 RT Sand 0 bis 3 mm Ø

Traßmörtel
1,0 RT hochhydraulischer Traßkalk (fabrikfertig)
2,5 RT Sand 0 bis 3 mm Ø

Wenn kein fabrikfertiger Traßkalk zur Verfügung steht, kann Traßmörtel in folgender Weise auf der Baustelle zusammengesetzt werden:
0,5 RT Portlandzement
1,0 RT Kalkhydrat
1,0 RT Traßpulver
7,0 RT Sand 0 bis 3 mm Ø

Mörtelzusammensetzung, Mischungsverhältnis in Raumteilen nach DIN 1053, Tab. 6

	1 Mörtelgruppe	2 Luftkalk u. Kalkteig (max.Schüttdichte 1,3 kg/l)	3 Wasserkalk Kalkhydrat wie nebenstehend 0,6 kg/l	4 Hydraulischer Kalk (max.Schüttdichte 0,8 kg/l)	5 Hochhydraulischer Kalk (max.Schüttdichte 1,0 kg/l)	6 Zement (max.Schüttdichte 1,2 kg/l)	7 Sand[2]) (Natursand) wie nebenstehend 1,3 kg/l
1		1					3,5
2	I		1				3
3				1			3
4		1,5				1	8
5	II		2			1	8
6					1		3
7	IIa		1[4])			1	6
8	III[3])					1	4

[2]) Die für den Sandanteil genannten Zahlen sind Richtwerte. Abweichungen bis zu 20% sind je nach Art des verwendeten Sandes zulässig

[3]) Der Zementgehalt darf nicht vermindert werden, wenn plastifizierende Zusätze nach Abschnitt 4.4 verwendet werden

[4]) Darf in Mörtelwerken ersetzt werden durch 1 Raumteil Kalkteig

Fassadenbekleidung mit keramischen Baustoffen nach DIN 18515

	Befestigung	Bekleidungen		
		Form	Größe, Abmessungen	Bekleidungsstoff
1	Im Untergrund mit Trage- und Halteanker; hinterlüftet oder mit Mörtel hinterfüllt	Platten	größer als 0,1 m^2	Naturwerkstein Betonwerkstein Keramik
2	Am Untergrund angemörtelt	Platten	kleiner als 0,1 m^2 Dicke: 5 bis 30 mm	keramische Fliesen nach DIN 18155 keramische Spaltplatten nach DIN 18166 keramische Platten Spaltziegelplatten Naturwerksteinplatten Betonwerksteinplatten
3		Mosaik	kleinformatig Dicke: 5 mm	Keramik Naturstein
4		Riemchen	streifenförmig Dicke: 10 bis 30 mm Höhe: 20 bis 60 mm	Naturwerkstein Betonwerkstein Keramik
5	angemauert, auf Konsolen aufgesetzt und zusätzlich verankert	Riemchen und Sparverblender	streifenförmig Dicke: 30 bis 70 mm	Keramik Betonwerkstein Naturwerkstein

Mischungsverhältnisse der Mörtel in Raumteilen für Riemchen und Sparverblender mit Güteanforderungen

		nach DIN 105	nach DIN 18166 DIN 18500
1	für Spritzbewurf	Zementmörtel 1:2 bis 1:3 Sandkörnungen 0 bis 7 mm	Zementmörtel 1:2 bis 1:3 Sandkörnungen 0 bis 7 mm
2	für Unterputz	Mörtel der Gruppe II nach DIN 1053 [Kalkzementmörtel 1:2:8[1]]	Zementmörtel 1:3 bis 1:4
3	zum Anmauern der Bekleidung		Zementmörtel 1:4 bis 1:5
4	zum Verfugen	Zementmörtel 1:3[2]	

[1] Der Mörtelsand darf nur einen geringen Hohlraumgehalt aufweisen, daher sind gemischtkörnige Sande zu verwenden. Besonders geeignet sind Sande, bei denen der Anteil des Korndurchmessers 0 bis 0,25 mm 15 bis 30 Gew.-% beträgt

[2] Das Größtkorn des verwendeten Sandes darf 2 mm nicht überschreiten. Zur Verbesserung der mehlfeinen Körnung 0 bis 0,25 mm kann dem Sand ein Zusatz von Gesteinsmehlen, z.B. Quarzmehl, Traßpulver, zugegeben werden

Bei Sicht- und Verblendmauerwerk sowie bei Skelettbauten sind Bewegungsfugen in ausreichendem Maße anzuordnen; besonders bei Fensterbrüstungen sind senkrechte Bewegungsfugen zu empfehlen.

Fugenabstände

Wandaufbau	in m
zweischalige Wände ohne Luftschicht	8–12
zweischalige Wände mit Luftschicht	6–8
freistehende Mauern	6–8
zweischalige Wände mit Kerndämmung	5–6

1.2 Riemchen, Spaltplatten, keramisches Mosaik und Fliesen

Vermörtelte Bekleidungen in handwerklicher Ausführung bieten einen guten Oberflächenschutz, jedoch erfordert die Konstruktion einen hohen Wärmeschutz. Vor allem müssen Maßnahmen gegen das Abplatzen infolge Diffusionsdruck von innen getroffen werden.

Als Materialien kommen keramische Spaltplatten und Riemchen infrage.

Riemchen sind Sparverblender mit geringer Steinbreite. Sie entsprechen in ihrer Form den Teilstücken von längshalbierten Mauersteinen. Die Richtlinien für die Ausführung von Fassadenbekleidungen sind in DIN 18515 zusammengestellt. Hier wird unterschieden nach Bekleidungen, bei denen die Bekleidungsstoffe unmittelbar an Ankern oder durch Anmörteln am Untergrund befestigt werden.

Bei starker Wetterbeanspruchung ist ein Unterputz notwendig. Er dient gleichzeitig zum Ausgleich größerer Rohbautoleranzen.

Bei Bekleidungen aus angemauerten Riemchen und Sparverblendern müssen Abstandselemente vorhanden sein. Diese können aus Mauerwerk, Streifenfundamenten, Stahlbetonkonsolen, Fertigteilen, nichtrostender Winkeleisenkonstruktion usw. bestehen. Die Abstandselemente werden mindestens in jedem zweiten Geschoß angeordnet und so bemessen, daß bei völligem Versagen des Mörtelhaftverbundes der Bekleidung deren Lasten voll aufgenommen werden können.

Um Zugspannungen durch ausmittige Belastung zu vermeiden, müssen die Bekleidungsschalen mindestens zu 2/3 ihrer Dicke auf den Konsolen aufgesetzt sein. Bekleidungen vor Abstandselementen in Form von Wärmedämm- und Putzschichten sowie Plattenbelägen sind nicht tragfähig.

Wenn der Untergrund aus Wärmedämmschichten, aus Baustoffen geringer Festigkeit (z.B. Gasbeton, Hohlblock- bzw. Leichtbetonsteinen) oder aus oberflächig glatten Stoffen (z.B. glatte Betonflächen), besteht so sind Unterputz auf tragfähiger Bewehrung und Abstandselemente je Geschoß erforderlich. Für die Bewehrung eignen sich folgende Baustahlmatten:

N 94 (75 x 75 x 3 mm)
N 98 (50 x 50 x 2,5 mm)
N 141 (50 x 50 x 3 mm)

Die Bewehrung muß in der tragende Konstruktion ausreichend und unverschieblich verankert sein. Zur Übertragung der Lasten aus Unterputz, Bekleidung und Windlasten sind mindestens 5 nichtrostende Anker erforderlich. Zuganker werden für druckfesten Untergrund,

17

Wohnsiedlung Osdorfer Born, Hamburg. Arch. Prof. Trautwein und Behn

Gliederung der Baumasse

Balkon-Detail

Fassaden-Elemente. Keramische Platten Villeroy + Boch. Verleger Montagebau Hamburg GmbH

Gesamtanlage. Mischung von hell und dunkel

biegesteife Traganker für weichen Untergrund verwandt.

Die Bewehrung muß korrosionssicher im Unterputz eingebettet werden. Als Mörtel wird ein Zementmörtel im Mischungsverhältnis 1 : 3 bis 1 : 4 (in Raumteilen) verarbeitet.

Bei unmittelbar angesetzten Bekleidungen müssen neben vorhandenen Gebäudetrennfugen zusätzliche horizontale und vertikale Bewegungsfugen, die bis auf den Untergrund (Ansetzfläche) durchgehen, angeordnet werden.

Keramisches Mosaik und Fliesen

Feinkeramische Wandbeläge aus Steingut oder Steinzeug werden meist als Fliesen bezeichnet. Die Wasseraufnahme der Fliese beträgt max. 15 %. In einem zweiten Brand wird die wasserdichte Glasur aufgeschmolzen.

Steingut besteht aus einem porösen, feinkörnigen, kristallinen Scherben.

Steinzeug dagegen besteht aus einem gesinterten, nicht saugenden Scherben. Die Wasseraufnahme liegt nur bei ca. 1 %. Daraus ergibt sich die hohe Frostbeständigkeit des Materials. Die Brenntemperatur beträgt 1.300° C.

Als Wandfliesenformate kommen folgende Abmessungen infrage:

15 x 15 cm und 10,8 x 10,8 cm. 10 x 10 cm, 10 x 20 cm 10,8 x 21,8 cm, 15 x 30 cm, 75, x 15 cm.

Für Streifen und Leisten gibt es die Formate: 1,5 x 15 cm, 2 x 15 cm, 2,5 x 15 cm, 3 x 15 cm, 4 x 15 cm, 5 x 15 cm.

Kennzeichnung für Wandfliesen.

1. Sorte: (Pfeilkreuz) als Stempelaufdruck auf der Rückseite jeder Fliese;

2. Sorte: (Viereck) als Stempelaufdruck auf der Rückseite jeder Fliese:

3. Sorte: als Stempelaufdruck auf der Rückseite jeder Fliese.

Kleinformate werden als Mosaik bezeichnet und unterschieden nach:

Kleinmosaik   2   x 2   cm, 2,4 x 2,4 cm
Streifenmosaik   2   x 4,2 cm, 2,4 x 5   cm
Mittelmosaik   4,2 x 4,2 cm, 5   x 5   cm

Man unterscheidet zwei Methoden des Mörtelauftrages:

1. „floating" auf die Wand
Geeignete Platten: Constructa Platten
Geeigneter Mörtel: Klebemörtel

2. „buttering" auf die Platten
Geeignete Platten: Constructa- oder Schwalbenschwanzplatten
Geeigneter Mörtel: Z-Mörtel

Die Herstellung von Fassadenplatten mit Fliesenvorsatz erfolgt nach zwei Verfahren:

1. Positivverfahren
Nach Beendigung des Schichtenaufbaues des

Oberfinanzdirektion Frankfurt. Arch. Köhler. Ausführung Annawerk

Chirurgische Universitätsklinik Erlangen. Arch. Universitäts-Bauamt

Esso Hauptverwaltung Hamburg-Nord. Arch. Schramm und Pempelfort

Verwaltungsgebäude in Bradford, Yorkshire. Arch. Brunton und Partner

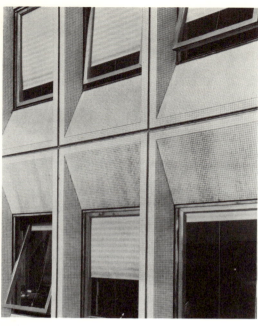

Kleinmosaik

Bauteiles wird eine dünne Haftmörtelschicht aufgebracht. Die Spaltplatten werden im Mörtelbett verlegt.

2. Negativverfahren

Die Platten werden in die Form eingelegt, die Fugen mit Sand oder trockener Mörtelmischung gefüllt, der Mörtel wird aufgezogen, z.B. Beton wird eingebracht. Je nach gewünschten Wandaufbau und gewünschter Funktion kommen Wärmedämmschichten und armierte Betonschichten zum Einbau. Bei der Vorfertigung mit Ziegeln finden Ziegelhohlkörper Verwendung.

Künstlerisch gestaltete Baukeramik

Baukeramik ist eine der ältesten Materialien künstlerischer Wandgestaltung. Anwendungsgebiete sind Friese und Reliefs sowie Stift- und Flächenmosaik, ferner Plattenmosaik und Reliefs aus Hohlformen.

Die ältesten Beispiele zur Raumausstattung sind aus Ägypten und Persien bekannt geworden. Zu den bedeutendsten Denkmälern altorientalischer Keramik gehören die Reliefziegeln des Palastes der Perserkönige in Susa. Keramische

Wohnhochhaus in Nanterre/Frankreich. Arch. Menkes

Einlegen von Verblendern in Betongroßplatten

Unesco-Gebäude Paris. Keramisches Mosaik von J. Miro

Detail

Keramisches Mosaik in Biot/Frankreich von F. Legèr

Detail

Baukeramiken von A. Gaudi, Barcelona

Künstlerisch gestalteter Giebel. Arch. Schramm und Pempelfort

aufbereitet und geformt und dann anschließend gebrannt wird. Als Erzeugnisse dieses Prozesses sind bekannt:

1. Grobkeramik, Ziegel, Klinker, Steinzeug und Schamotte
2. Feinkeramik, Porzellan, Steingut, Terrakotta, Wandplatten.

Die künstlerische Baukeramik erfordert in Bezug auf Auswahl, Aufbereitung und Mischung der Rohstoffe und Formgebung, Trocknung und Brenndauer außergewöhnliche Sorgfalt. Die Keramik wird mit einer Glasur versehen, die überwiegend bei einem zweiten Brand aufgeschmolzen wird (Fritte).

Heute wird Keramik meist als Plattenmosaik verarbeitet. Dabei fertigt der Künstler zunächst einen Entwurf, der bei der Ausführung im Maßstab 1 : 1 auf Karton übertragen wird. Danach werden, unter Berücksichtigung des Schrumpfmaßes, die rohen Platten für das Brennen zugeschnitten. Die einzelnen Farben können wäh-

Platten gingen der Anwendung von Natursteinen zeitlich voraus. Auch Formsteine für Gesimse, Traufplatten, Metopen und Firstziegel wurden in Keramik hergestellt und künstlerisch geformt.

Durch die Araber gelangte die Kunst der keramischen Wandgestaltung nach Spanien, wo der Alkazar in Sevilla und die Alhambra in Granada Höhepunkte darstellten. Aber auch in China wurde seit der Mingzeit mit leuchtend glasierter Baukeramik gearbeitet. Während in der frühchristlichen und gotischen Zeit nur einfach gebrannte Formsteine üblich waren, findet sich seit dem 13. Jahrhundert und besonders in der Renaissance farbig glasierter Reliefschmuck an Altären, Friesen und Fenstergewänden. Eine Sonderstellung nimmt die handgemalte holländische Delfter Kachel ein, die zur Reihung und damit zum Massengut führte. Die Keramik entsteht durch einen technischen Doppelprozeß, wobei der tonmineralhaltige Rohstoff zunächst

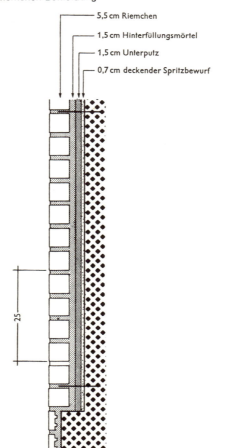

Riemchen-Bekleidung

- 5,5 cm Riemchen
- 1,5 cm Hinterfüllungsmörtel
- 1,5 cm Unterputz
- 0,7 cm deckender Spritzbewurf

25

Spaltziegelplatten

- 2,5 cm Spaltziegelplatten
- 1,5 cm Ansetzmörtel (an keiner Stelle unter 1,0 cm)
- 0,7 cm deckender Spritzbewurf

25

rend des Brennens zum Verlaufen gebracht werden. Auch ist eine plastische Behandlung der Glasur möglich, indem Krater und Verdickung herausgearbeitet werden. Die Keramik kann auch bemalt werden, entweder vor der Glasur als Unterglasurmalerei oder nach dem Einbrennen als Aufglasurmalerei. Als keramische Farben werden Gemische benutzt — mit Kobaltoxyd für blaue, Nickeloxyd für grüne und braune, Kupferoxyd für blau-grüne, Manganoxyd für violette, Eisenoxyd für gelbe und Platin für graue Töne. Nach dem Brand werden die Stücke wieder ausgelegt und von einem Fliesenleger in reinem Zementmörtel an die Wand gesetzt. Ein schwarzer oder heller Hof gibt den Abschluß gegen die Struktur der Wand.

Das Stiftmosaik kann mit einzelnen Elementen weit ausladen. Es ist meistens kleinformatig. Neben dieser Technik werden auch keramische Mosaiken aus fertigen, farbigen Industriefliesen hergestellt. Allerdings besitzen diese Materialien nur geringe Leuchtkraft.

Riemchen oder Sparverblender:

 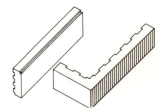

Spaltplatte Schenkelstück

Fenstersohlbankklinker

Spaltplatten

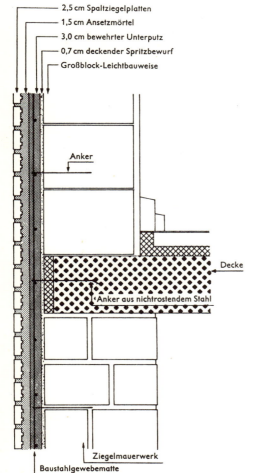

2,5 cm Spaltziegelplatten
1,5 cm Ansetzmörtel
3,0 cm bewehrter Unterputz
0,7 cm deckender Spritzbewurf
Großblock-Leichtbauweise

Anker

Decke

Anker aus nichtrostendem Stahl

Ziegelmauerwerk

Baustahlgewebematte

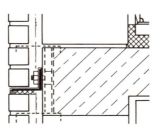

Aufstandselement aus nichtrostendem Winkelprofil

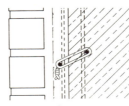

Zuganker ≧ 3 mm

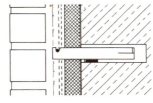

Traganker

Form A
Rechteck

Form D
Rechteck, Eckabschlußplatte rechts (kantig)

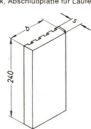

Form B
Rechteck, Abschlußplatte für Läuferseite (kantig)

Form E
Rechteck, Eckabschlußplatte links (kantig)

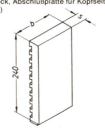

Form C
Rechteck, Abschlußplatte für Kopfseite (kantig)

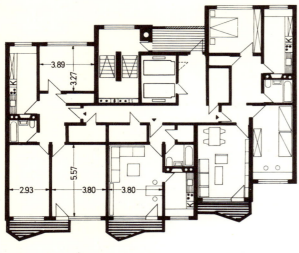

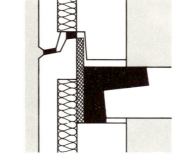

Wohnsiedlung Osdorfer Born, Hamburg. Arch. Prof. Trautwein und Behn

Detail

Fugen im Schutzschirm (Fassade) sind nur sinnvoll, wenn ein weicher Untergrund vorhanden ist.
Ablösungen können durch Fugen nicht vermieden werden!
Abwölbungen vom Untergrund können durch Fugen vermieden werden!
Fugen sind bei vorgehängten Fassaden unbedingt notwendig. Es muß jede Bewegungsfuge bis zum kraftschlüssigen Bereich ausgekratzt werden.
Fugenbreite: die Breite einer Fuge, auch einer Weichfuge, muß breiter als 1,0 cm sein.

1.3 Schwimmbecken-Bekleidungen

Das Schwimmbecken ist als selbständiger Bauteil in Stahlbeton auszuführen. Durch eine ausreichend breit konstruierte Bewegungsfuge muß es völlig vom übrigen Teil des Gebäudes getrennt sein.
Bereits bei der Aushebung der Baugrube sollte Klarheit darüber bestehen, welche Formate des feinkeramischen Materials für die Beckenauskleidungen verwendet werden sollen. Das ist notwendig, weil alle Aussparungen im Beton für Überlaufrinnen, Beckenrandsteine, Beckenleiternischen, Wasserzu- und Abläufe, Unterwas-

Hallenbad Wedel. Arch. Schweim. Finnische Überlaufrinne

Hallenbad Rheinhausen

Beckenrand

Hallenbad Dillingen. Arch. Zimmer

Freischwimmbecken

Überlaufrinne

Freischwimmbecken

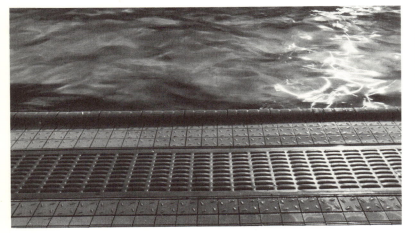

25

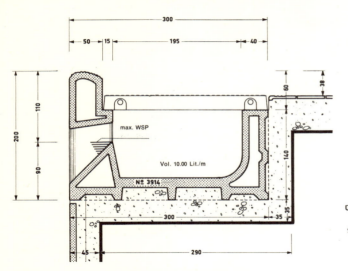

Überflutungssystem mit obenliegender Rinne, System „Schäfer"

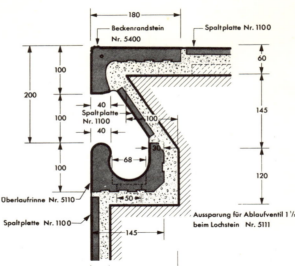

Beckenkopfausbildung für Privatschwimmbecken. Kleine Überlaufrinne, System „Wiesbaden"

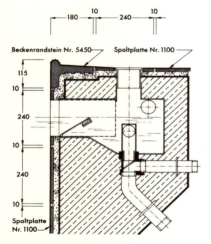

Beckenkopfausbildung für Privatschwimmbecken. Beckenrandstein mit Handfasse und Oberflächenabsauger

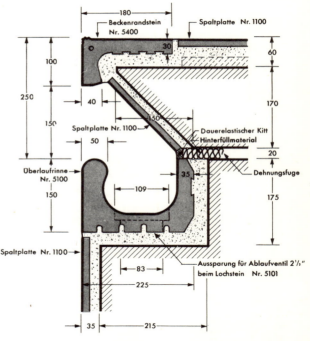

Beckenkopfausbildung für Hallenbäder. Überlaufrinne System „Wiesbaden". Tiefliegender Wasserspiegel

serscheinwerfer usw. in ihren Abmessungen und Abständen untereinander auf die Fliesengrößen abgestimmt werden müssen. Das gute und befriedigende Aussehen der feinkeramischen Verkleidungen ist von dieser Abstimmung abhängig. Den unter allen Umständen anzustrebenden Idealfall stellt es dar, wenn der Fliesen-Verlegeplan mit allen Einzeichnungen der Formstücke und der Armaturen noch vor dem Betonplan vorliegt. Die technischen Büros der Werke verfügen über große Erfahrungen im Schwimmbäderbau, was die Ausstattung mit Fliesen und Formstücken angeht. Deshalb ist eine rechtzeitige Zusammenarbeit zwischen dem planenden Architekten und ihnen dringend zu empfehlen.

Links: Überflutungssystem „Finnische Rinne", Typ „Pyrmont"

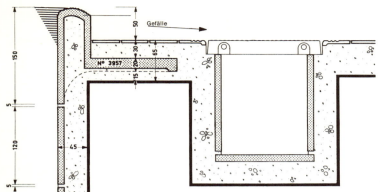

Überflutungssystem mit nebenliegendem Kanal

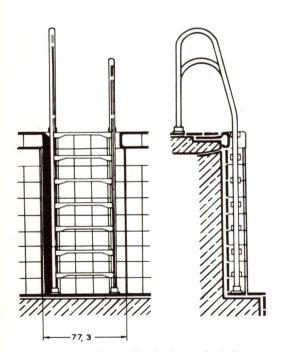

Beckenleiter aus Metall. Der Beckenrandstein ist gekröpft, die Überlaufrinne unterbrochen

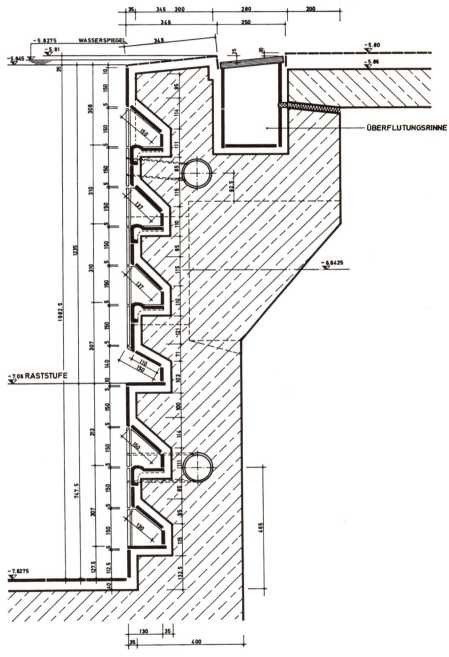

Schnitt im Bereich der Steigleiter bis zum Beckenboden. Bundesleistungszentrum des deutschen Schwimmverbandes, Heidelberg. Forschungsprojekt IAB/DSV. Arch. Freiwald

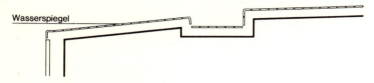

Finnisches Überflutungssystem. Keramikbelag: Kleinmosaik 20 x 20 mm, Winkelstücke 20 x 20 mm

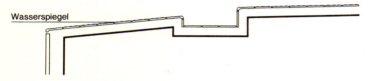

Keramikbelag: Mittelmosaik mit Reiskorn 42 x 42 mm,
Spez. Kentenfliesen 42 x 42 mm

Keramikbelag: Kleinmosaik 20 x 20 mm, dto. mit
Rundung, Winkelstücke 20 x 20 mm, Spez. Kanten-
fliesen 42 x 42 mm

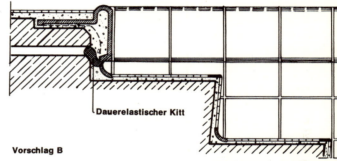

Beispiele für die konstruktive Trennung der Becken-
treppen vom Umgang

Rinnen-Ablaufstück mit keramisch angeformtem
Stutzen und Installationsanschluß

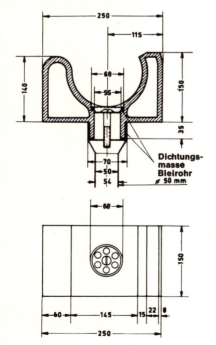

Rinnen-Ablaufstück mit Armatur

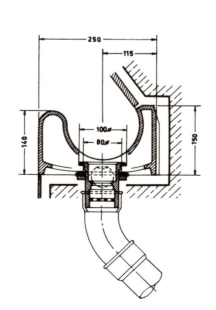

Wärmebank, Tullabad, Karlsruhe. Aus D. Fabian,
„Handbuch für den Bäderbau"

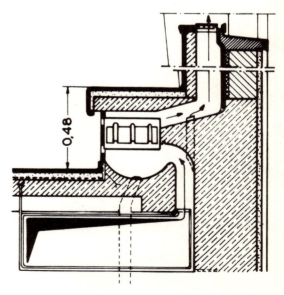

28

Wichtig ist für den Fliesenleger die genaue Einhaltung des vorgeschriebenen Beckenlängsmaßes. Bis 1,25 m unter Wasserspiegel bzw. bei geringerer Wassertiefe bis zum Boden darf die Längentoleranz des Beckens nur bis zu + 0,3 mm/m Beckenlänge, also nur nach oben, betragen, wenn das Becken für Schwimmwettkämpfe als rekordfähig anerkannt werden soll. Eine amtliche Vermessung ist notwendig. Der Fliesenleger darf sich dabei nicht auf seine eigenen Messungen verlassen, dazu sind seine Meßwerkzeuge zu ungenau. Die Bauleitung muß damit einen amtlich bestellten Vermesser beauftragen, nach dessen Angaben der Fliesenleger Richtpunkte in Form von im Becken angesetzten Fliesen festlegt. Die Abstände dieser Richtpunkte muß dann der Fliesenleger mit Lot, Schnur und Wasserwaage genauestens einhalten. Eine keramische Verkleidung macht ein Becken in keinem Falle wasserdicht. Zwar sind Steinzeugfliesen wasserundurchlässig, dies trifft jedoch durch die Fugen auf den Belag in seiner Gesamtheit nicht zu. Deshalb müssen, unabhängig von der keramischen Verkleidung, besondere Sperrmaßnahmen vorgesehen werden.

Wasserundurchlässigkeit ist bereits vom Beton zu fordern. Erfahrungen, die mit aus Sperrbeton hergestellten Becken vorliegen, lassen erkennen, daß kein unbedingter Verlaß auf die zu erwartende Dichtung besteht. Das trifft auch dann zu, wenn dem Beton ein Dichtungsmittel zugesetzt wurde. Eine zusätzliche Wassersperre ist unerläßlich.

Für die Beckenauskleidung in Hallen- und Freibädern ist feinkeramisches Steinzeug das ideale Material.

Formate:

  20 x 20 mm, unglasiert
  24 x 24 mm, glasiert und unglasiert (Kleinmosaik)
  50 x 50 mm, glasiert und unglasiert (Mittelmosaik)
100 x 100 mm, unglasiert
150 x 150 mm, unglasiert
150 x 150 mm, unglasiert
  50 x 200 mm
  52 x 242 mm, glasiert, unglasiert (Riemchen)
150 x 150 mm, glasiert
245 x 120 mm, glasiert
305 x 150 mm, glasiert (Schwimmbadfliesen)

Die drei letztgenannten Formate werden für den Schwimmbäderbau bevorzugt eingesetzt. Nach DIN 18 155 beträgt die zulässige Abweichung für Längen und Breiten ± 1 %; es sei jedoch vermerkt, daß aufgrund der sorgfältigen Herstellungsbedingungen dieser Höchstwert im allgemeinen beträchtlich unterschritten wird. Die technischen Güteanforderungen feinkerami-

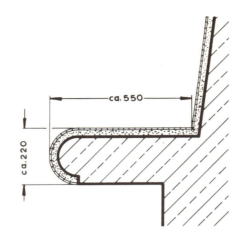

Detail der Vorderkanten einer mit Kleinmosaik verkleideten Wärmebank

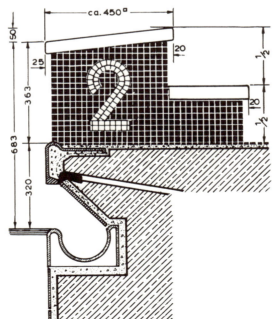

Startsockel mit Beckenkopfschnitt, Überlaufrinne „Wiesbaden"

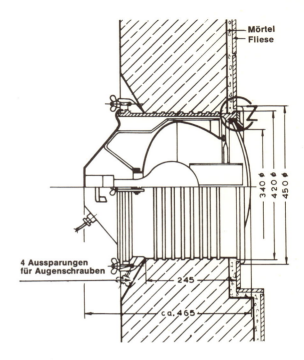

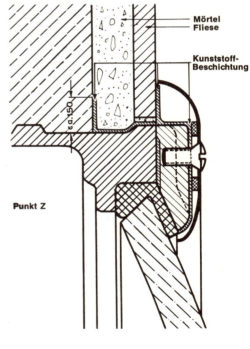

Unterwasserleuchten. Unten ein für den Fliesenleger wichtiger Detailpunkt. Zeichnungen nach ZEISS IKON, Berlin

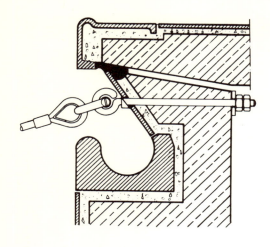

Trennseilhalterung

scher Steinzeugfliesen sind ebenfalls in DIN 18 155 festgelegt. Für die Überlaufrinnen bestehen in der Hauptsache die Typen „Wiesbaden", „Schäfer" und „Berlin". Je nach dem zu verwendenden Modell richten sich die Rinnenaussparungen im Beton des Beckenkopfes. Schwimmbecken werden in ihren Grundrißabmessungen auf den vollen bzw. halben Meter aufgehend gebaut. Bei der Verwendung von 245 mm langen Fliesen plus 5 mm Fuge gehen die Fliesen und Formstücke also auch immer mit den gegebenen Schwimmbeckenmaßen und ohne jeden Verhau auf. Auf volle Stücke ohne jeden Verhau muß jedoch auch bei dem Verlegen von 150/150 mm großen Fliesen und 150 mm langen Formstücken geachtet werden. Da aber 150/150 mm Fliesen bzw. Formstücke plus 5 mm Fuge nicht auf volle bzw. halbe Meter aufgehen, muß die Differenz in den Fu-

gen aufgefangen werden. Es spielt tatsächlich keine Rolle, ob die Fugen statt genau 5 mm etwa 4,8 mm oder 5,2 mm breit werden. Mit Hilfe dieser so geringfügigen Abweichungen hat es der Fliesenleger in der Hand, die Verkleidungen auf volle Fliesen- bzw. Formstückbreiten einzurichten. Werden Schwimmbadfliesen des Formats 150/150 mm und entsprechende Formstücke verwendet, so werden diese auf Verlegeplänen nach ganzen Stücken aufgeteilt und die sich ergebenden Fugenbreiten eingerechnet.

Die FINA (Fédération Internationale de Natation Amateur) überprüft alle 4 Jahre, anläßlich der Olympischen Spiele, Bedingungen und Bestimmungen für die Ausübung des Schwimmsports und legt sie, wenn erforderlich, neu fest.

Schnitt durch ein Unterwasserfenster. Nach Rieth & Sohn, Berlin

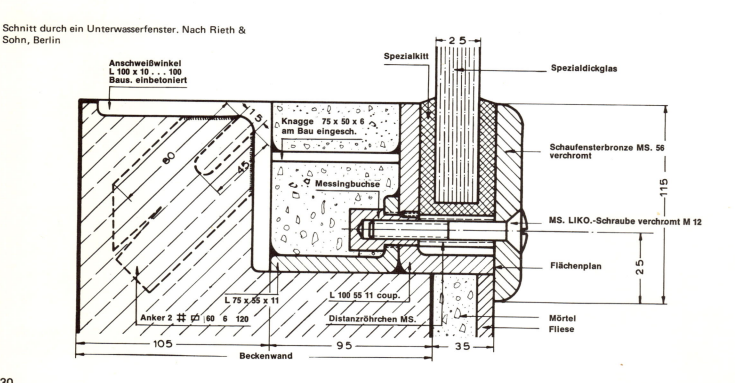

2. Schwere Bekleidungen Hinterlüftete Konstruktionen

Hinterlüftete Konstruktionen

Die Wirkungsweise der hinterlüfteten Fassade entspricht dem Prinzip des Kaltdaches. Sie beruht auf einer Trennung der äußeren Wetterschale und der inneren Dämmschale. Dabei übernimmt die innere Schale die volle Wärmedämmung. Die innere Schale bildet zugleich das statisch erforderliche Tragwerk.

Die vorgehängte Wetterschale muß spannungsfrei sein. Dies wird durch eine unfixierte, freie Aufhängung und durch offene Fugen erreicht. Trotzdem muß die Schlagregen- und Flugschneesicherheit gegeben sein. Diese wird durch Doppelstufenfalze und dichtungsfreie Anschlußkonstruktionen erreicht.

Hinterlüftete Fassaden erhalten ihre Zuluft durch den unteren Abstand zwischen Platte und Wand. Dieser beträgt 6 bis 8 cm. Im oberen Bereich der Platten müssen Abluftschlitze oder Löscher angebracht werden. Der Belüftungsquerschnitt soll ca. 3 % der Fassadenfläche betragen. Die untere Öffnung ist auch deshalb notwendig, um evtl. eingedrungenes Regenwasser an der Innenseite der vorgehängten Platte glatt abzuleiten.

Fenster werden durch Metallschürzen geschützt, da sonst Stürze und Decken durchfeuchten können.

Die untere Zuluft muß durch ein Netz oder Rost vor Insekten geschützt werden.

Natursteinplatten, durch sichtbare Schienen getrennt

Weiße Marmorplatten

Kunstgebäude Den Haag/Holland, Gauinger Trevertin, rauh geschliffen

BBC Mannheim

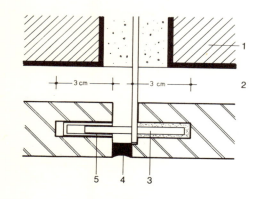

Verankerung in der Vertikalfuge
1 Mauerwerk
2 Lüftung
3 Dorn
4 Zwei-Komponenten-Material
5 Gleitlager

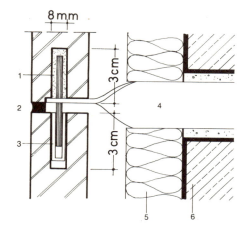

Verankerung in der Horizontalfuge
1 Festes Lager
2 Zwei-Komponenten-Material
3 Gleitlager
4 V 4A-Anker
5 Beton
6 Wärmedämmung

Gebäudeecken werden stumpf zusammengestoßen, nicht auf Gehrung. Hier wird ein sattes Mörtelbett untergelegt. Seitliche Fenster- und Türanschlüsse können auch durch Leibungsplatten hergestellt werden.

2.1 Natursteinplatten

Natursteine sind alle natürlich gewachsenen Gesteine. Sie sind Gemenge aus Mineralien, deren Zusammenhalt durch direkte Verwachsung oder durch eine Grundmasse bzw. ein Bindemittel gewährleistet wird.
Damit Natursteine als Bausteine verlegt und versetzt werden können, müssen diese dem Verwendungszweck entsprechend durch Fachbetriebe maschinell und handwerklich bearbeitet werden. Architekten bezeichnen daher die bearbeiteten Werkstücke aus Naturstein als Naturwerkstein.

Eck-Ausbildung

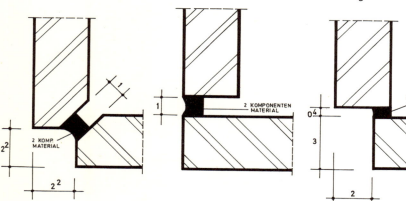
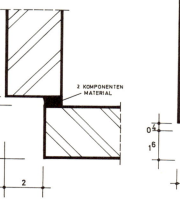
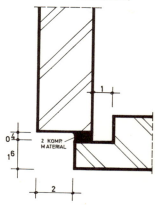

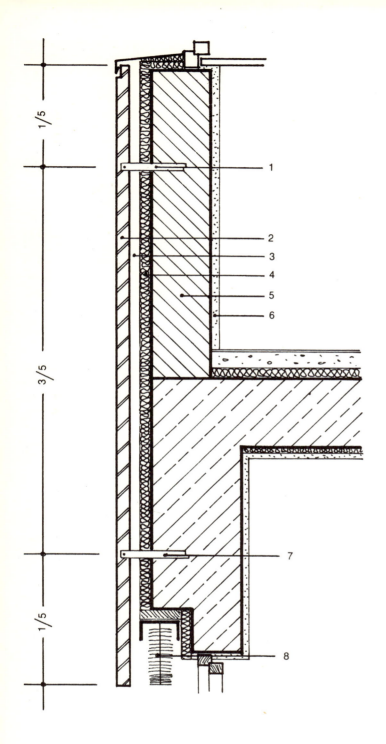

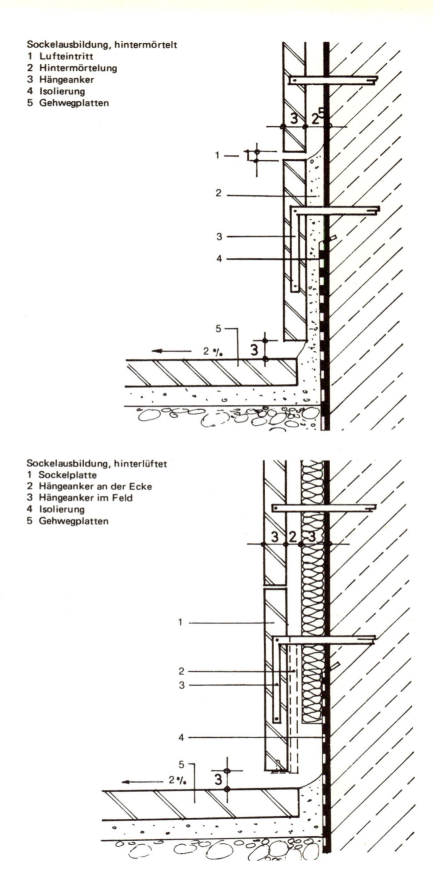

Sockelausbildung, hintermörtelt
1 Lufteintritt
2 Hintermörtelung
3 Hängeanker
4 Isolierung
5 Gehwegplatten

Sockelausbildung, hinterlüftet
1 Sockelplatte
2 Hängeanker an der Ecke
3 Hängeanker im Feld
4 Isolierung
5 Gehwegplatten

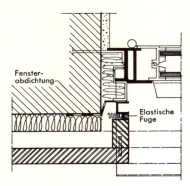

Fensteranschlüsse an Naturwerksteinbekleidungen und Fensterabdichtungsvorschläge. Metallfenster bündig mit Fassade. Fensterabdichtung an Stahlbetonrohbau. Horizontalschnitt

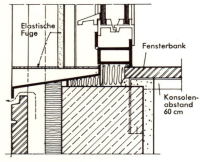

Sohlbank-Abschluß

Holzfenster-Anschluß

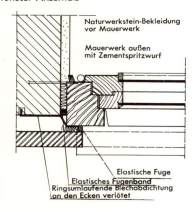

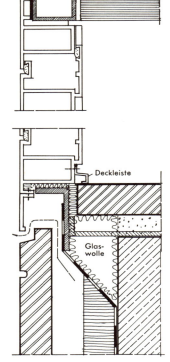

Vertikalschnitt

Nach den Voraussetzungen ihres Entstehens können die Naturwerksteine in drei Gesteinsgruppen eingeteilt werden:
a) Erstarrungs- oder Eruptivgesteine
b) Sedimentgesteine
c) Kristallinen Schiefer oder Umwandlungsgesteine
Alle Natursteinplatten aus Gesteinsarten mit hoher Festigkeit und geringer Mörtelhaftung werden hinterlüftet.
Für Plattenbekleidungen kommen infrage:
a) hartes Material
Granit, Quarzit, 3 cm stark
b) mittelhartes Material
Kalkstein, Muschelkalk, Travertin, 4 cm stark
c) weiches Material
Sandstein, Tuff, 2–6 cm stark.

Die Technik der Bekleidung erfolgt nach zwei verschiedenen Methoden:
a) Hohlversetzen unter Verwendung von Mörtelpunkten oder senkrechten Mörtelstreifen (Schienen)
b) Hohlversetzen ohne Hintermörtelung, nur mit Ankern.

Richtlinien für die Ausführung von Fassadenbekleidungen:
a) DIN 18515 Fassadenbekleidungen aus Naturwerkstein, Betonwerkstein und keramischen Baustoffen vom 1. Juli 1970
b) DIN 18332 Naturwerksteinarbeiten ATV der VOB
c) „Richtlinien für das Versetzen und Verlegen von Naturwerksteinen" Ausgabe 1972.
Herausgegeben vom Deutschen Naturwerkstein-Verband, 87 Würzburg, Kapuzinerstr. 9.

Die Luftschicht hinter den Platten muß mindestens 20 mm betragen. Sie soll durch horizontale Be- und Entlüftungsschlitze am unteren und oberen Abschluß der Fassadenbekleidung mit der Außenluft in Verbindung stehen.
Die Mindestdicke der Platten richtet sich nach der Plattengröße, der Bruchfestigkeit im Bereich der Ankerdornlöcher, und den äußeren Lasten, wie Winddruck und Windsog. Die Dicke einer Naturwerksteinplatte bis zu einem Quadratmeter Fläche muß mindestens betragen:
a) bei härteren Gesteinen   30 mm
b) bei weicheren Gesteinen   40–50 mm

Traganker

Typ	Auskragung bei Gebäudehöhen		Halteankergröße mm	Dorn ϕ m/m Länge	Mindesteinbindetiefe	Verwendung für:
	bis 20 m	über 20 m				
H 1	45– 60 mm	–	130/12/2		6 cm	Mauerwerk
H 2	75–100 mm	45– 60 mm	170/12/2	4/50	6 bzw. 10 cm	und
H 3	–	75–100 mm	220/12/2		11 cm	Beton

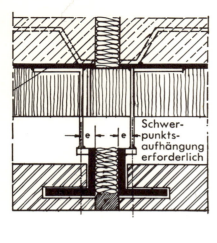

Schwer-
punkts-
aufhängung
erforderlich

e e

1

2

3

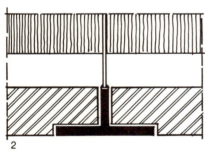

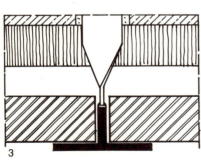

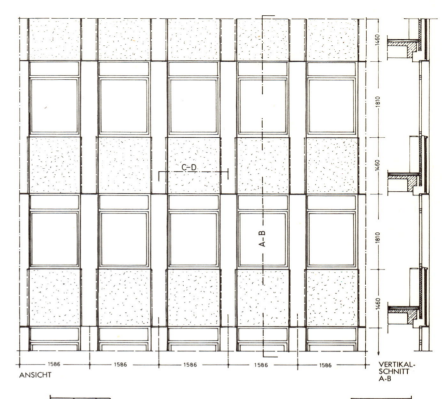

1460
1810
1460
1810
1460

C–D

A–B

1586 · 1586 · 1586 · 1586 · 1586

ANSICHT

VERTIKAL-
SCHNITT
A–B

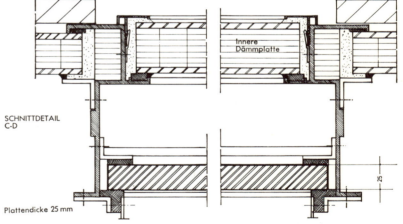

Innere
Dämmplatte

SCHNITTDETAIL
C–D

25

Plattendicke 25 mm

Verankerung von Naturwerkstein-Untersichtsplatten.
Plattenaufhängung an der Bautrennfuge
1 eingelassenes T-Profil
2 eingesetztes T-Profil
3 Profil auf T-Profil aufgelegt

Naturwerksteinplatten in Metall-Fassadenkonstruktio-
nen. Arch. Kalmbacher, Dortmund. Ritter Aluminium
GmbH Leichtmetallbau, Köngen

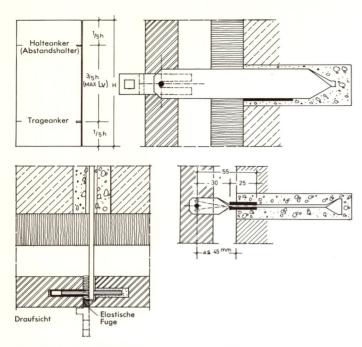

Verankerung von Naturwerksteinplatten mit Röhr-
chenankern. Verankerung in der Platten-Vertikalfuge.
Stahlbeton-Trageanker mit Verteilerplatte

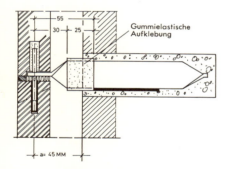

Verankerung von Naturwerksteinplatten mit Röhr-
chenankern

Verankerung in der Platten-Horizontalfuge

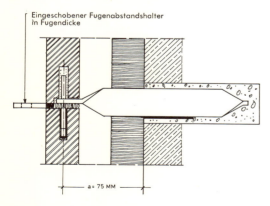

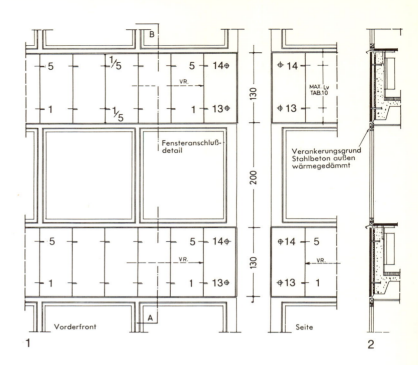

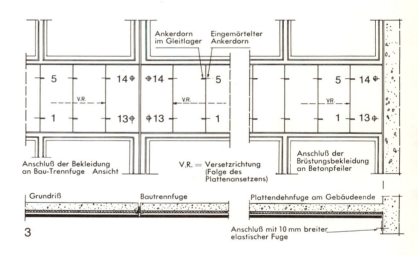

Verankerung von durchlaufenden Naturwerkstein-
Brüstungsplatten
1 Ansicht
2 Vertikalschnitt
3 Detail-Anschlüsse

Alle Plattenarten sollen im Bereich der Ankerdornlöcher eine Dicke von mindestens 30 mm aufweisen.

Die Platten werden bei hinterlüfteten Bekleidungen durch im Untergrund befestigte Trage- bzw. Halteanker mit Ankerdornen, die in die Dornlöcher der Platten eingreifen, gehalten. Jede Platte soll an mindestens vier Punkten befestigt sein. Sie muß auf zwei Trageankern aufliegen und von diesen sowie von zwei Halteankern gegen die auftretenden Beanspruchungen gesichert sein.

Anker dürfen nicht verbogen oder verformt werden!
Für andere Querschnitte ist eine statische Berechnung zu erstellen.

Verankerung in der Vertikalfuge

Für das Versetzen von Fassadenplatten in Wandscheiben und Brüstungen ist folgende Ankeranordnung die günstigste:
Der Trageanker unten übernimmt die Last des Plattengewichtes, die Windlast und Gleitreibung.
Der Halteanker wird neben der Windlast noch durch die thermische Vertikalbewegung der Platten beansprucht.
Damit sein Widerstandsmoment gegenüber dieser Beanspruchung klein ist, wird er durch Drehung unmittelbar hinter der Steinplatte biegeweich gemacht.
Damit dieser Anker auch seine statisch erforderliche Biegelänge behält, erhält er bei Ankerausladungen unter 60 mm eine gummielastische Umklebung. Obgleich der Anker in diesem Bereich eine Mörtelumhüllung erhält, bleibt die wirksame Biegelänge ganz erhalten.

Verankerung in der Horizontalfuge

Diese Art der Verankerung kann besonders bei schmalen Wandscheiben, Pfeilern und Lisenen vorkommen. Das Plattengewicht wird hier jeweils auf zwei Trageanker abgelagert.
Diese müssen mit Haltedornen vorne in die Plattenfuge eingreifen, im Mauereinband aber das erforderliche Widerstandsmoment erbringen. Sie würden das nicht, wenn sie nicht unmittelbar hinter der Plattenrückkante gedreht wären. Bei schmäleren Ankerstegen sorgt eine angeschweißte Druckverteilerplatte für die Krafteinleitung in den Versetzgrund.

Da hier nur mit Trageankern gearbeitet wird, werden diese durch die thermische Plattenbewegung horizontal beansprucht.
Dieser Anker benötigt eine Mindestbiegelänge von 60 mm. Bei Ankerausladungen unter die-

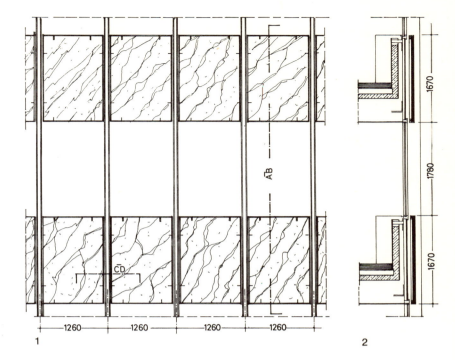

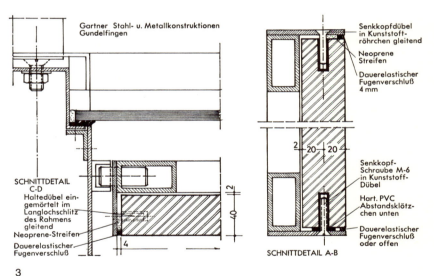

Naturwerksteinplatten in einer Stahl-Fassade
1 Ansicht
2 Vertikalschnitt
3 Detail-Anschlüsse

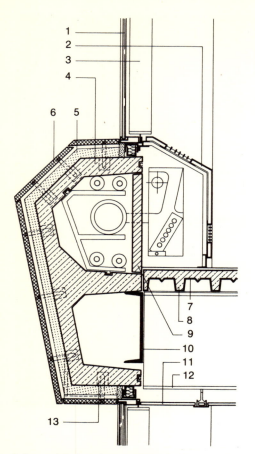

Oberflächenbearbeitung von Naturwerksteinen

Granite, Syenite, Diorite, Diabase, Gabbros, Porphyre und ähnliche Hartgesteine	Basaltlava	Sandsteine Tuffsteine	Travertine, Muschelkalke, Dolomite, Juramarmore, Handelsmarmore, kristalline Marmore, Serpentine und ähnliche

a) Manuelle steinmetzmäßige Bearbeitung

bruchrauh	bruchrauh	bruchrauh	bruchrauh
bossiert	bossiert	bossiert	bossiert
gespitzt	gespitzt	gespitzt	gespitzt
fein gespitzt	grob gestockt	fein gespitzt	fein gespitzt
grob gestockt	gebeilt	gekrönelt	geflächt
mittel gestockt	grob scharriert	geflächt	gebeilt
fein gestockt	fein scharriert	gebeilt	gezahnt
	aufgeschlagen	gezahnt	grob scharriert
	abgerieben	grob scharriert	fein scharriert
		aufgeschlagen	aufgeschlagen
		abgerieben	abgerieben

b) Mechanische Bearbeitung mit Steinbearbeitungsmaschinen und -werkzeugen

stahlsandgesägt	gesägt	stahlsandgesägt	quarzsandgesät
diamantgesägt	gefräst	diamantgesägt	diamantgesägt
grob geschurt	gesandelt	gefräst	gefräst
fein geschurt	abgerieben	gesandelt	halbgeschliffen
gefräst	geschliffen	abgerieben	gesandelt
geschliffen		geschliffen	abgerieben
fein geschliffen			geschliffen
bis zur Politur geschliffen			fein geschliffen
poliert			anpoliert
geflammt			poliert

Brüstungsbänder. Hauptverwaltung Procter & Gamble, Schwalbach. Arch. Prof. Hentrich, Petschnigg + Partner
1 Isolierglas
2 Verkleidung
3 Lamellen
4 St. B. Fertigteil
5 Wärmedämmung
6 Granitplatten
7 Stahlzellendecke
8 Aufbeton
9 Bims
10 Stahl
11 abgeh. Decke
12 Stahlträger
13 Edelstahlanker

sem Maß wird auch hier der Anker mit gummielastischer Umklebung versehen.
Die Fugenabstandshalter garantieren nur den Ankerabstand, damit die darunter befindliche Platte Bewegungsmöglichkeit hat. Diese Abstandshalter werden nach dem Einmörteln der Anker wieder entfernt. Die Fugenabstände werden durch Versetzkeile hergestellt. Es darf keine kraftschlüssige Verbindung zu den Nachbarplatten mehr bestehen.

Zulässige Fugenabstände oder Plattenabmessungen bei maximal 20% Dauerdehnfähigkeit der Dichtungsmassen, bezogen auf die vorgesehene Fugenbreite (in cm)

Fugenbreite in mm	Plattendehnung in mm bei 100°C Jahreszeitl. Temp.Diff.	Quarzite, Porhyrite, Quarzporphyre	Sandsteine, Beton, Betonwerkstein	Trachyte, Stahlbeton	Gabbros und Diorite	Granite und Syenite	Marmor, dichte Kalksteine, Dolomite, Diabase	Sonstige Kalksteine	Travertine
5	1.00	80	84	100	114	125	133	143	147
6	1.20	96	100	120	137	150	160	172	177
7	1.40	112	117	140	169	175	187	200	206
8	1.60	128	133	160	182	200	214	229	235
9	1.80	144	150	180	205	225	240	258	265
10	2.00	160	167	200	228	250	267	286	294
11	2.20	176	183	220	250	275	294	315	324
12	2.40	192	200	240	273	300	320	344	353
13	2.60	208	217	260	296	325	347	372	393
14	2.80	224	233	280	319	350	374	400	412
15	3.00	240	250	300	341	375	400		
16	3.20	256	267	320	364	400			
17	3.40	272	283	340	387				
18	3.60	288	300	360	410				
19	3.80	304	317	380					
20	4.00	320	333	400					

2.2 Verbundelemente

Verbundkonstruktionen oder Spezialplatten aus Kunststein mit besonderen Falzrandverbindungen. Der Begriff „Tafelelement" ist nicht eindeutig definiert, die Abgrenzung zu Brüstungsplatten, Betonpreßplatten etc. fließend. Ur-

Tafelelemente. System Laingwall/England

Rathaus Rødoore. Arch. Jacobsen

sprünglich kommt diese Konstruktionsart aus dem Holzbau.

Hier laufen alle Profile dreidimensional, also auch an Fußboden und Decke. Das erfordert ganz bestimmte Verbindungselemente und Anschlüsse. Die Tafeln müssen so einfach wie möglich verbunden werden, um die Montage nicht zu komplizieren.

Weitere Kennzeichen sind: unbrennbar, nicht hygroskopisch, korrosionsbeständig, belüftet mit dauerhafter Dampfsperre, hohe Wärmedämmung unter Vermeidung von Wärmebrücken, Schalldämmung, keine elektrische Leitfähigkeit, chemisch neutral, Säure- und Laugendampfbeständigkeit, feuerbeständig etc. Hierzu gehören auch Elemente, die wegen ihrer Mehrschichtigkeit unter der Bezeichnung „Sandwichkonstruktionen" bekannt sind. Den Rahmen der Leichtbauelemente bilden Holz- oder Metallprofile. Außen haben sich Platten aus Asbestzement, Metall, Glas, Keramik, Holzschalung und Kunststoff bewährt. Als Wärmedämmschichten kommen Kunstschaumstoffe, Glas- oder Steinwollmatten zur Anwendung. Die Innenseite kann aus Gips- oder Spanplatten, Asbest-Zement oder Holzschalung bestehen. Die Innen-

Vorgefertigte, wandbildende Elemente mit keramischer Außenbekleidung. Wandschnitt mit Deckenauflage, Halfenschienen, Heizkörper, Dämmplatte geklebt

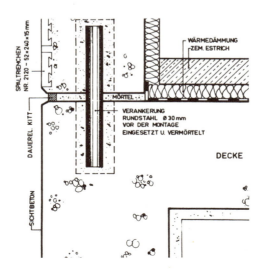

Schnitt. Verankerung der Betonfertigteile in der Stahlskelett-Konstruktion

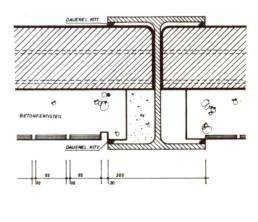

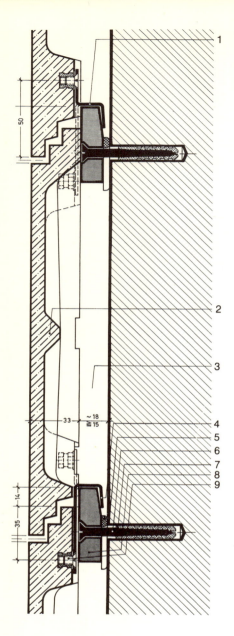

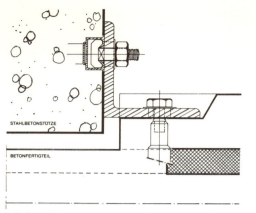

STAHLBETONSTÜTZE

BETONFERTIGTEIL

Brüstungselement, montiert auf einer ortgeschütteten Betonwand

und Außenflächen sollen so gestaltet sein, daß sie keine Nachbehandlung, minimale Pflege und Unterhaltung benötigen.

Sandwich-Elemente werden bei Fachwerk- und Skelettbauten als Ausfachungen oder bei vorgehängten Fassaden angewendet.

Dichtungen erfolgen durch Polychloropren-Kautschuk.

Grundstoffe: Neopren®, Hersteller Du Pont Nemours; Baypren®, Hersteller Bayer, Leverkusen.

Fertigprodukte: Continental AG, Semperit, Metzeler.

Braas-Fassade. Vertikalschnitt
1 Stützwinkel Edelstahl
2 Braas-Fassadenelemente
3 Luftraum zwischen Wand und den Fassadenelementen
4 Hängewinkel Edelstahl
5 Distanzausgleichhalter PVC
6 Senkschraube 6 x 60 DIN 97
7 Bohrloch und Dübel Ø 8 mm
8 Trägerleiste Asbestzement
9 Senkschraube mit Befestigungsteil Edelstahl

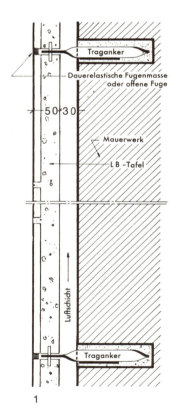

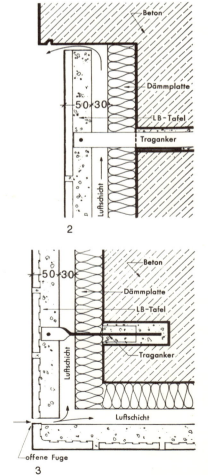

Vorgehängte Fassadentafeln. System Gail
1 Wandlängsschnitt mit normaler Verankerung
2 Dach-Anschluß
3 Ecke

40

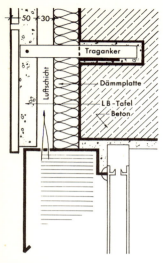

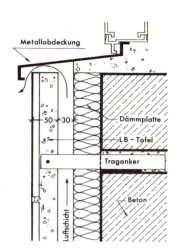

Fenstersturz und Fensterbank

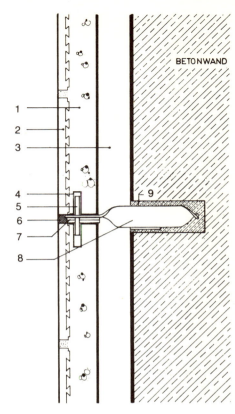

Verankerung der Fassadentafeln im Beton,
Horizontalfuge
1 Leichtbeton 35 mm
2 Spaltplatte 150 x 150 mm
3 Luftschicht 40 mm
4 Ankerdornhülse 6 mm
5 Ankerdorn 5 mm
6 dauerelastischer Kitt
7 Unterlagsplatte (Teerpappe)
8 Trag- und Halteanker B 5 g
9 chloridefreier Schnellbinder

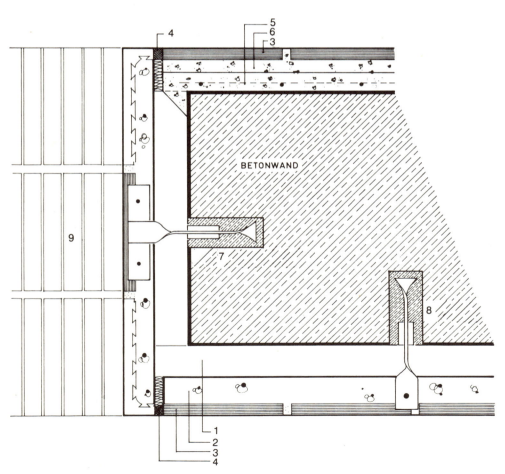

Bekleidung eines Pfeilers
1 Luftschicht
2 Leichtbeton
3 Spaltplatte
4 dauerelastischer Kitt
5 Unterputz mit Baustahlgewebe
6 Ansetzmörtel
7 Pfeiler-Trag-Halteanker
8 Trag- und Halteanker
9 abgeschrägte Stirnwand

Montagebau mit Ziegeln nach DIN 4159

Der Montagebau mit Ziegeln nach DIN 4159 ist ein Großtafelbauverfahren, d.h., das Gebäude wird aus vorgefertigten Wand- und Deckentafeln aus Ziegeln montiert. Die Verbindung der Tafeln untereinander erfolgt durch Mörtelverguß und Bewehrung. Sowohl die Wandtafeln als auch die Deckenplatten sind sofort nach Montage und Verguß der Fugen voll belastbar und bedürfen keiner Zwischenunterstützung, so daß ein zügiger Montagefortgang gewährleistet ist. Die Abmessungen der Elemente richten sich nach dem Verwendungszweck. Grundsätzlich werden die Wandtafeln geschoßhoch hergestellt. Der geringste Montageaufwand ergibt sich bei raumbreiten Tafeln, vorausgesetzt, daß Kräne entsprechender Tragfähigkeit zur Verfügung stehen. Es ist aber auch möglich, die Wände eines Raumes aus mehreren Tafeln zusammenzusetzen. Wegen der geringen Schwindverformung von Ziegelelementen sind Risse an den Tafelstößen auf der Wandinnenseite nicht zu befürchten. Bei den Deckenplatten wird die Länge entsprechend der Stützweite gewählt. Die Breite richtet sich im allgemeinen nach den verfügbaren Transportfahrzeugen und beträgt in der Regel 2,50 m. Die Tafeln werden werksmäßig mit Putz und Bekleidung, Fenstern und Türzargen sowie Installationsleitungen versehen.

Die tragenden Außen und Innenwandtafeln haben einen einschichtigen Aufbau und bestehen durchgehend aus Ziegelmaterial. Die großformatigen Spezialziegel sind in DIN 4159 genormt. Die Abmessungen der Ziegel sind so gewählt, daß bei den Elementen sowohl in der Höhe als auch in der Breite ein Rastermaß von 25 cm

Arbeitsamt Saarlouis. Vorgehängte Fertigteil-Fassadenplatten und Sandwichelemente in Strukturbeton.
Arch. Gellenberg. Bearbeitung Dyckerhoff & Widmann

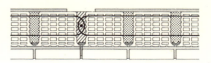

Bewehrte schubfeste Verbindung nicht raumbreiter Außenwandtafeln (Hochlochtafeln)

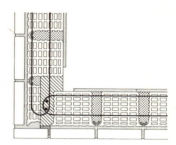

Eckausbildung zweier sich aussteifender Außenwände (Hochlochtafeln)

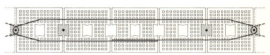

Ziegelmontagebau nach System Bott

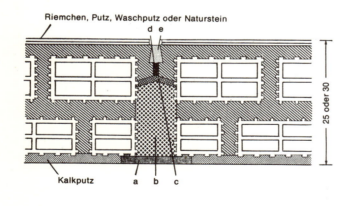

Dia-Großtafelbau

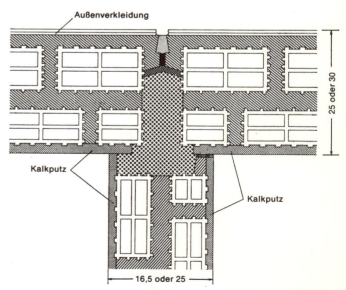

eingehalten und die Dicke entsprechend den statischen oder bauphysikalischen Anforderungen gewählt werden kann.

Im Gegensatz zum traditionellen Mauerwerk werden die Ziegel nach DIN 4159 nicht vermauert, sondern auf einer Fertigungsfläche verlegt und mit Mörtel vergossen. Durch die Gestalt der Ziegel erübrigen sich komplizierte Formkästen. Die ausgelegten Ziegel bilden gleichzeitig die Kanten der Fertigteile. Hieraus resultiert die Variabilität in den Abmessungen der Elemente. Durch die Art der Fertigungsmethode entstehen ebenflächige Elemente hoher Belastbarkeit. Das liegende Fertigungsverfahren bietet einfache Möglichkeiten, die Oberflächen der Elemente zu behandeln und mit Putz oder Bekleidung zu versehen.

2.3 Betongroßplattenbau

Beim Schwerbeton-Plattenbau handelt es sich um das Kerngebiet des Stahlbeton-Fertigteilbaus, das von dieser Entwicklungsstufe seinen Ausgang nahm. Es gibt verschiedene Beurteilungskriterien:

Art der Herstellung
Feldfabrikation, stationäre Werkfabrikation, automatische Werkproduktion.

Grad der Vorfertigung
Teilweise oder totale Vorfertigung, individuelle oder typisierte Elemente, geschlossene oder offene Systeme, Anwendung für einzelne Objekte oder große Serien. Anwendung für Primär- oder Sekundärkonstruktionen.

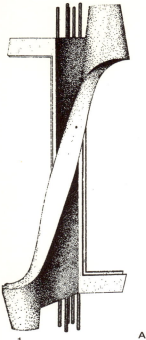

1

Amerikanische Botschaft
in Dublin.
Arch. Johansen
1 Säule
2 Fassaden-Detail
3 Fassade

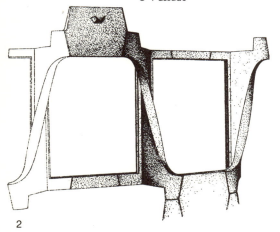

2

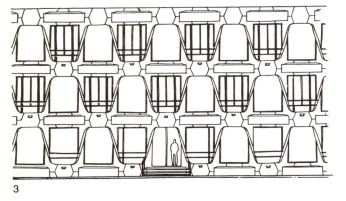

3

Mariana, Chicago. Arch. Goldberg

Unesco Paris. Vertikal betonierte Betonplatten

Wohnhochhäuser in Chicago. Arch. Goldberg

Montage von Fassaden-Elementen. System Larsen und Nielsen

Art der Elemente
Lineare Elemente, flächige Elemente, Raumteile, entsprechend ein-, zwei- oder dreidimensionaler Modul-Struktur.

Art der Verbindungen
Geschraubt, geschweißt, vergossen

Art der Baustoffe
Schlaff bewehrter Stahlbeton, Spannbeton, Stahlleichtbeton.

Die einzelnen Gruppen überschneiden sich in der Anwendung.
Die Anzahl der Elemente sollte möglichst gering sein, die Gewichte in Abstimmung mit Montagekränen und Transportmitteln. Üblich sind Elementgewichte bis 4 t. Sorgfältige Detailarbeit für Aussparungen, Anschlüsse und Verbindungen ist Voraussetzung für wirtschaftliches Bauen. Nach DIN 4220 müssen Stahlbeton-Fertigteile alle Kräfte, auch unter Erschütterungen, sicher ableiten können. Das erfordert biege-, zug-, druck- und schubfeste Verbindungen. Besonders wichtig ist die räumliche Steifigkeit beim Fertigteilbau. Gerberbalken und Gelenke in mehreren Feldern sind nicht zulässig. Der monolithe Vorteil des Stahlbetons geht verloren.
Bereits im Entwurfstadium sind bestimmte konstruktive Anforderungen zu berücksichtigen. Konventionell geplante Projekte können nicht auf Vorfertigung „mgearbeitet" werden. Auch die alternative Ausschreibung „konventionell" oder „vorgefertigt" ist ungünstig, weil die konsequente Vorfertigung andere Planungsmethoden erfordert. Unterschiedliche Systeme können jedoch den Wettbewerb entscheiden, nachdem bestimmte Rahmenforderungen festgelegt sind. Die echte Ingenieurleistung kommt hier wieder zur Geltung.
Die Anwendung des Beton-Großplattenbaus liegt vorwiegend im Wohnungsbau. Drei Systeme haben sich herausgebildet:
1. Querschottenbau mit längslaufenden Deckenplatten und nichttragender Fassade.
2. Tragende Fassadenplatten, quergespannte Decken meist über eine Mittelwand.
3. Baukastenprinzip, allseitig tragende Wände.
Die Fassadensysteme sind meist lizensiert, z.B. Camus, Coignet, Skarne, Jespersen, Estiot, Larsen & Nielsen u.a.

Regelaufbau der Platten
1. außen Wetterschale meist aus Schwerbeton, sichtbar oder bekleidet mit Mosaik, Keramik Verblender u.a. (hierzu s. Kap. 1.2). Wetterschale im Verbund hinterlüftet.

Hauptschule Büderich. Arch. Szörenyi und Werner
Ausführung Wayss & Freytag

Wohnsiedlung La Gradelle, Genf. Arch. Hentsch

2. Mitte Wärmedämmung durch Schaumstoffe, Gläswolle oder Luftschichten, z.B. Tonkörper, Lochziegel, Gasbeton u.w. Stärke mind. 4 cm.
3. innen tragende Stahlbetonschale, soweit Deckenlasten aufgenommen werden. Meist schalungsglatt oder gespachtelt oder mit Gipskartonplatten bekleidet.
Fassadenplatten haben Einschlußteile für Transport, Ansetzen und Verbindungen, z.B. für:
Transport: Haken, Gewindestangen, spezielle Hülsen
Verbindungen: Schweißplatten, Verankerungshülsen, Vorspannkabelrohre, Profilstahlteile
Elektrizität: Rohre, Verteilkasten, Schalterdosen
Sanitär- und Heizungsinstallation: Steigleitungen, Ablaufleitungen, Befestigungshülsen, Ventilationseinrichtungen, Schlitze, Durchbrüche
Türen und Fenster: Türzargen, Fensterrahmen, Befestigungsschienen
Store und Lifte: Verankerungen, Aussparungen, Durchbrüche.
Für die Abmessungen der Tafelelemente sind statische Erfordernisse, Transportbedingungen und herstellungstechnischen Überlegungen maßgebend. Meist erfolgt der Transport mit Spezialfahrzeugen.
Die Elemente werden in der Regel durch zwei nebeneinander am oberen Ende angeordnete

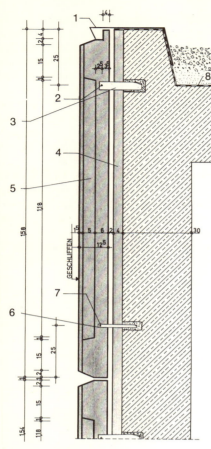

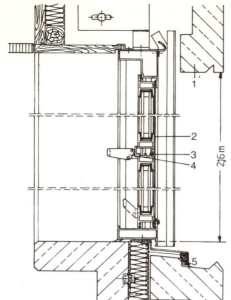

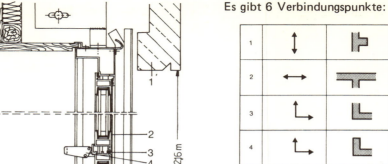

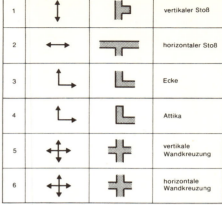

Es gibt 6 Verbindungspunkte:

1	↕	⊢	vertikaler Stoß
2	↔	⊤	horizontaler Stoß
3	↳	L	Ecke
4	↑	L	Attika
5	✛	✛	vertikale Wandkreuzung
6	✛	✛	horizontale Wandkreuzung

Oben: Theodor-Heuss-Gymnasium, Wolfsburg.
Arch. Dr. Taeschner
1 Abdeckblech
2 Dorn Ø 7 mm
3 V 4A-Anker
4 Foamglas
5 Betonwerkstein Fassadenplatte
6 V 4A Abstandshalter 170/12/2mm
7 Dorn Ø 4 mm
8 Gummiisolierung

Oben: Mädchengymnasium, Wuppertal. Schnitt 1:10.
Arch. Baltzer, Ruile, Jauss, Gaupp
1 Beton
2 Neoprene
3 Bürstendichtung
4 Spezialverschluß
5 Thiokoldichtung
6 Führungsschiene für Sonnenschutz
7 Isolierung

Links unten: Wohnanlage in Hannover. Arch. J. und
M. Düker. Wandaufbau:
1 14 cm tragende Betonschale
2   4 cm Hartschaumplatten aus Styropor,
   schwerentflammbar, zweilagig verlegt
3 3 cm Hinterlüftung
4 6—12 cm Außenschale

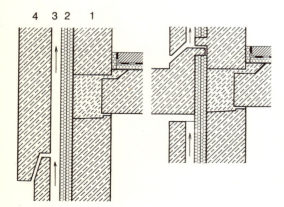

Traganker aus Stahl I Ø 12 mm von der Ortbetondecke aufgenommen. Sie müssen frei sein von Scher-, Druck- und Zugbeanspruchung, die aus Schwinden, Kriechen oder Temperaturverformung des Tragwerkes herrühren. Der Rostschutz der Traganker erfolgt durch volle, mindestens 5 cm deckende Ortbetonumhüllung.
Die Oberfläche von schweren Brüstungsplatten wird entweder in Sichtbeton oder durch eingelegte Platten gebildet.
Die Ausbildung des Fugenstoßes ist durch eine Reihe von Regel-Lösungen sicher ausführbar.

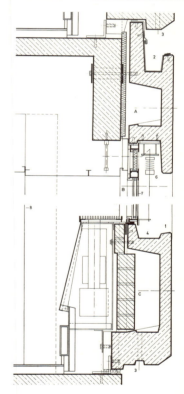

Curtain Wall, schwere Tafeln, Postscheckamt Arnheim,
Arch. J.H. van den Broek + J.B. Bakema (aus „Fassaden", Hoffmann, Griese, Meyer-Bohe)
1 vorgefertigtes Betonelement, Außenfläche Waschbeton
2 Regenrinne durchlaufend mit Kupferblech ausgeschlagen
3 Plastikrohr für Kondenswasser und Hinterlüftung der Brüstung
4 Regenrinne auf der Fensterbrüstung
5 blaue Keramikplatten, Wasserableiter für Regenrinne
6 Jalousette mit elt. Motor
7 Aluminiumfenster, mit Zweischeiben-Isolierglas fest verglast
8 Stahlbetonstütze

3. Leichte Befestigungs-Systeme

3.1 Schrauben und Nieten, Nägel, Dübel, Klemmprofile

Schrauben werden gegliedert nach Schlagschrauben, Schraubnägel und selbstschneidenden Schrauben

1.	Fassadenschraube	4,5/35	5	Messing,
	mit Kappe	4,5/45	5	Kappe,
		5,0/55	6	Kunststoff
2.	Webekoscheibe	ϕ 12	max.8	Kunststoff
	mit Kappe*	ϕ 14		

* für Halbrundkopfholzschrauben bis 4,5 mm ϕ
Auszugswerte und Einschraubtiefen nach DIN 1052
z.B. Schrauben ϕ 4,5 mm, Einschraubtiefe 30 mm.
$P_{zul.}$ = 45 kp

Für Fassadenbefestigungen geeignete Schrauben sind: Halbrund-Holzschrauben aus Aluminium, $\varnothing$ 5,5 mm, Länge 20 mm oder rostfreiem Stahl $\varnothing$ 6,35 mm, Länge 20 mm, mit Neoprene-Dichtung Holzschrauben (Topseal Typ A oder Tuff-Tite Typ A mit Neoprene Dichtung).
Selbstschneidende Schrauben aus rostfreiem Stahl, $\varnothing$ 6,35 mm, Länge 20 oder 25 mm, (Topseal Typ B oder Tuff-Tite Typ B mit Neoprene-Dichtung) für Befestigung auf Aluminium oder Stahlprofilen.
Blechschrauben (Topseal Typ A oder Tuff-Tite Typ A mit Neoprene-Dichtung) zur Befestigung der Profilblech-Längsstöße, aus Aluminium oder rostfreiem Stahl $\varnothing$ 6,35 mm, Länge 20 mm.
Selbstschneidende Schraube cadmiert oder aus rostfreiem Stahl $\varnothing$ 5,0 mm (DIN 7513,

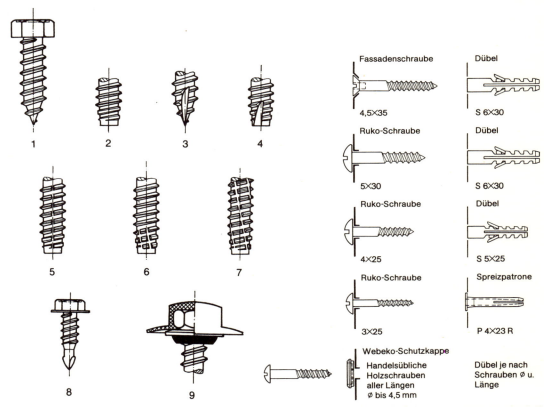

Schrauben
1 genormte Blechschraube, Ausführung B
2 genormte Blechschraube, Ausführung BZ
3 Ausführung B mit eingefräster Schneidkante
4 Ausführung BZ mit eingefräster Schneidkante
5 Fassadenbauschraube mit axialer Schneidrille
6 Fassadenbauschraube mit spiralförmig verlaufenden Schneidrillen
7 Lenne-Bohrschraube
8 Dichtscheibe und Abdeckhütchen

Schrauben zur Befestigung von Asbestzementplatten

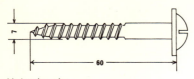

Holzschraube

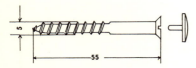

Inka-Holzschraube

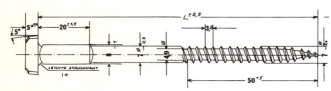

Spezialschraube

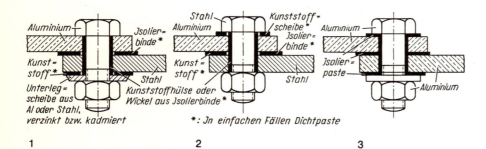

1 Verbindung von Al mit Stahl durch Al-Schraube
2 Verbindung von Al mit Stahl durch verzinkte
   (oder kadmierte Stahlschraube)
In einfachen Fällen a, b und c Dichtpaste.
Bei Feuchtigkeitsbeanspruchung:
a) Kunststoffscheibe
b) Kunststoffhülse oder Wickel aus Isolierbinde
c) Isolierbinde
3 Verbindung von Al mit Al mit Al-Schraube
   (eloxiert)

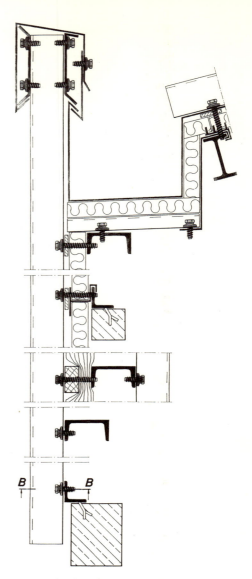

Geschraubte Fassade

Form D), Unterlagstreifen aus Hartfaser o.ä.
(50 x 5 mm) für Befestigung auf Aluminium
oder Stahlprofilen.
Senkschraube mit Mutter und Scheibe cadmiert
oder aus rostfreiem Stahl Ø 5,0 mm, Länge je
nach Klemmdicke (DIN 63, Form B), Unterlagstreifen aus Hartfaser o.ä. (50 x 5 mm) für
Befestigung auf Aluminium oder Stahlprofilen.

Nägel
Die Nagelbefestigung erfolgt auf horizontaler
und vertikaler Lattung mit nichtrostenden Spe-
zialnägeln. Die Löcher werden vorgebohrt.

Bezeichnung	Ø mm	Länge mm	Paketgewicht g
Leichtbauplatten-Nägel — DIN 1144			
31 x 50	3,1	50	2500
31 x 50	3,1	60	oder
34 x 70	3,4	70	5000
38 x 80	3,8	80	
38 x 90	3,8	90	
42 x 100	4,2	100	
Runde Drahtnägel, Flachkopf glatt — DIN 1151			
7 x 7	0,7	7	500
7 x 9	0,7	9	
8 x 11	0,8	11	
9 x 13	0,9	13	
10 x 15	1,0	15	1000
11 x 17	1,1	17	
12 x 20	1,2	20	
14 x 25	1,4	25	
16 x 25	1,6	25	2500
16 x 30	1,6	30	
Runde Drahtnägel, Senkkopf geriffelt — DIN 1151			
18 x 35	1,8	35	2500
20 x 40	2,0	40	
20 x 45	2,0	45	
22 x 45	2,2	45	
22 x 50	2,2	50	
25 x 55	2,5	55	
25 x 60	2,5	60	
28 x 65	2,8	65	5000
31 x 65	3,1	65	
31 x 70	3,1	70	
31 x 80	3,1	80	
34 x 90	3,4	90	
38 x 100	3,8	100	
42 x 110	4,2	110	
46 x 130	4,6	130	
55 x 140	5,5	140	
55 x 160	5,5	160	
60 x 180	6,0	180	
70 x 210	7,0	210	
75 x 230	7,5	230	10 000
80 x 260	8,0	260	
90 x 310	9,0	310	

Bezeichnung	Ø mm	Länge mm	Paketgewicht g
Drahtnägel, rund (Stauchkopf) DIN 1152			
7 x 7	0,7	7	500
7 x 9	0,7	9	
8 x 11	0,8	11	
9 x 13	0,9	13	
10 x 15	1,0	15	1000
11 x 17	1,1	17	
12 x 20	1,2	20	
14 x 25	1,4	25	
16 x 30	1,6	30	2500
18 x 35	1,8	35	
20 x 40	2,0	40	
22 x 45	2,2	45	
22 x 50	2,2	50	
25 x 55	2,5	55	
25 x 60	2,5	60	
28 x 65	2,8	65	5000
31 x 70	3,1	70	
31 x 80	3,1	80	
34 x 90	3,4	90	
38 x 100	3,8	100	
Drahtstifte, rund, tief versenkt (Wagnerstifte) — DIN 1153			
9 x 13	0,9	13	100
10 x 15	1,0	15	
11 x 17	1,1	17	250
11 x 20	1,1	20	
12 x 25	1,2	25	
14 x 30	1,4	30	500
16 x 35	1,6	35	1000
18 x 40	1,8	40	2000
18 x 45	1,8	45	
20 x 50	2,0	50	
22 x 50	2,2	50	2500
25 x 60	2,5	60	
28 x 65	2,8	65	
31 x 70	3,1	70	
31 x 80	3,1	80	
34 x 90	3,4	90	5000

Nägel
1 Leichtbauplatten-Nägel, DIN 1144
2 Runde Drahtnägel, Flachkopf glatt, DIN 1151
3 Runde Drahtnägel, Senkkopf geriffelt, DIN 1151
4 Drahtnägel, rund (Stauchkopf), DIN 1152
5 Drahtstifte, rund, tiefversenkt (Wagnerstifte), DIN 1153
6 Drahtnägel mit Halbrundkopf, DIN 1155
7 Drahtstifte ohne Kopf (Fitschbandstifte), DIN 1156
8 Drahtstifte ohne Kopf (Verbandstifte), DIN 1156
9 Tapeziernägel (Kammzwecken, Gurtnägel), DIN 1157
10 Hakennägel, DIN 1158
11 Kantige Rabitzhaken, DIN 1158
12 Paßhaken, DIN 1158
13 Schlaufen (Krampen), DIN 1159
14 Breitkopfnägel (Schiefer-, Rohr-, Dachpapp-, und Gipsnägel), DIN 1160

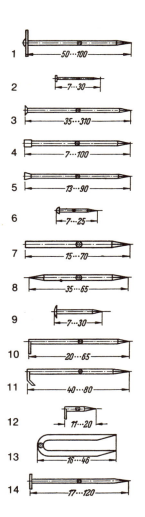

Blechschrauben aus Leichtmetall haben bei Leichtmetallblechen den Vorteil günstigen Resistenzverhaltens. Praktische Erfahrungen lehren, daß Leichtmetallschrauben bester Qualität nicht mehr funktionieren, wenn die Blechdicke 0,6 bis 0,8 mal die Gewindesteigung der eingesetzten Schraube übertrifft, wobei die Blechfestigkeit 25 kp/mm^2 nicht überschreiten sollte. Blechschrauben aus Patinaxstahl werden im Einsatz gehärtet und weisen gleiche mechanische Eigenschaften auf wie herkömmliche einsatzgehärtete Blechschrauben. Zum Formen des Muttergewindes, insbesondere in der Stahlunterkonstruktion, erfordern diese Schrauben eine eingefräste Schneidkante zur Verringerung der Einschraubmomente.

Nieten

Niete sind unlösbare Verbindungsmittel, die die Kraft punktförmig übertragen. Die verbundenen Einzelteile liegen flächig aufeinander. In Ausnahmefällen werden die Einzelteile verzinkt, bevor sie genietet werden. Dann müssen die Köpfe der warmgeschlagenen Niete nachträglich entzundert und gegen Korrosion geschützt werden, z.B. durch Zinkspritzen oder durch einen ausreichend starkem Anstrich mit zinkhaltiger Farbe. Für Konstruktionen aus normalem Baustahl St 37 werden Nietstahl St 34 mit einer Mindestzugfestigkeit von 34 bis 42 kg/mm^2 (nach DIN 17110) verwandt, für Konstruktionen aus hochwertigem Baustahl St 52–3 Nietstahl St 44 mit einer Mindestzugfestigkeit von 44 bis 52 kg/mm^2 (nach DIN 17110).

Bei Kraftnietung sollen die Niete eng beieinander sitzen, jedoch müssen die Mindestabstände genau eingehalten werden. Es muß auf gute Kraftverteilung und guten Kraftfluß im Anschluß geachtet werden. Viele kleinere Niete wirken besser als wenige große. Mit Rücksicht auf eine gute Kraftübertragung werden nicht mehr als 5 Niete hintereinander angeordnet, nötigenfalls sind sie mehrreihig zu setzen. Die Mindestzahl der Kraftniete beträgt 2 Stück. An Momentenanschlüssen darf die äußere Niete nicht überbeansprucht werden.

Bei Heftnietung wird die Niete weiter auseinandergesetzt. Zur Bemessung der Bauglieder werden die Nietlöcher in Zugstäben voll vom Querschnitt abgezogen. Senknieten erfordern größeren Abzug als Halbrundniete. Bei Nietverbindungen, die nur auf Druck beansprucht sind, werden Nietlöcher nicht abgezogen, da die Nietschäfte mit zunehmender Belastung des Stabes den Druck übertragen.

Bezeichnung	Abmessungen mm	Bohrloch φ mm	Material
1. Spezialnagel	19/30*	mind. 2,5	V2A
	23/45*	mind. 3	
2. Schieferstift	22/25*	mind. 2,5	verz.

* auch farbig

Auszugswerte laut BAM-Prüfungszeugnis 5.1./1771
Abmessung 19/30 20 mm Einschlagtiefe 40 Kp
Abmessung 23/45 30 mm Einschlagtiefe 75 Kp

Dübel

	Länge „τ"	φ	
1. Dübel TD 1	10	11	Messing
Federring		B6	V2A
Schraube	15	6	V2A
2. Dübel TD2	7	11	Messing
Federring		B6	V2A
Schraube	12	6	V2A

Die Sechskantschraubenlänge ist auf eine Halteeisendicke (a) von 4 mm abgestimmt

Auszugswerte laut BAM-Prüfungszeugnisse 2.4/12493 und 5.1/1022

Dübel TD 1 = 460 Kp, Dübel TD 2 = 285 Kp

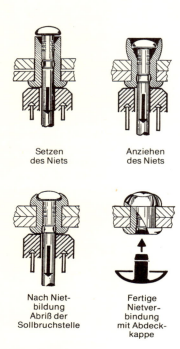

Setzen des Niets

Anziehen des Niets

Nach Nietbildung Abriß der Sollbruchstelle

Fertige Nietverbindung mit Abdeckkappe

Nieten. Zwei Qualitäten:
a Aluminium = Al Mg F 22 Nietdorn Stahl verzinkt
b Monel = Korrosionsfeste Nickellegierung, vercadmiert, Nietdorn Stahl verzinkt
In bestimmten Fällen erweist sich der Alu-Niet als zweckmäßiger, da er von der Materialeigenschaft her weicher gesetzt werden kann. Ist mit aggressiver Atmosphäre zu rechnen, wird die Monel-Qualität bevorzugt eingesetzt.
Die Scherfestigkeit beider Metalle unterscheidet sich bei dem gebräuchlichen Niet Nenndurchmesser von 4,8 mm wie folgt: Alu = 213 kp, Monel = 425 kp

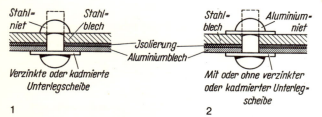

Stahlniet — Stahlblech
Stahlblech — Aluminiumniet
Jsolierung Aluminiumblech
Verzinkte oder kadmierte Unterlegscheibe
Mit oder ohne verzinkter oder kadmierter Unterlegscheibe

1   2

Nietverbindung von Aluminium mit Stahl. Falls das Stahlniet auf der Al-Seite geschlagen werden muß, ist unter dem Schließkopf eine verzinkte (oder kadmierte) Unterlegscheibe vorzusehen. Stahlkante nicht verstemmen
1 mit Stahlniet
2 mit Aluminiumniet

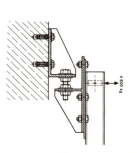

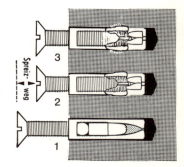

Spreizweg

3
2
1

Fassadenplatten angedübelt
1 vor dem Spreizen
2 nach dem Spreizen
3 keine Beschädigung der Schraube

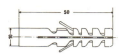

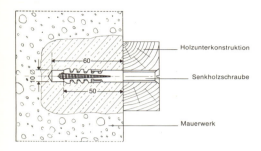

Holzunterkonstruktion
Senkholzschraube
Mauerwerk

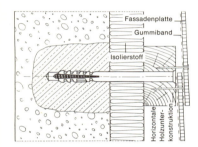

Fassadenplatte
Gummiband
Isolierstoff
Horizontale Holzunterkonstruktion

Fischer-Dübel

Klemmprofile

Klemmprofile werden aus Stahl, eloxiertem Aluminium, Zinkblech, Kunststoff und Hartholz hergestellt.

Bei Außenwandverkleidungen erfolgt die Befestigung der Tafeln mit Spezial-Klemmprofilen und Rundholzschrauben mit Kunststoffscheiben. Die Fuge wird durch ein Fugenband aus Spezialgummi und Prestik gedichtet.

Auf Stahlstützen und -riegeln werden Klemmprofile mit Aluminium-Hut-Profilen und Gewindeschneidschrauben befestigt.

Kunststoffprofile werden auf vertikaler Lattung direkt auf das Mauerwerk aufgesetzt. Diese Profile können geschraubt, genagelt oder geklebt werden.

Zur Dichtung der Fuge und zur Vermeidung von Vibration ist bei Metallprofilen eine Dichtung zwischen Klemmprofil und Tafel erforderlich, z.B. mit Prestik.

Klebung

	bxd	
1. Bostik-Pad-Streifen	17x2 17x4	Schaumstoff
2. Kleber 960		Polychloroprene

Verarbeitung auf Beton, festm Putz, gehobeltem Holz, geschütztem Stahl möglich. Der Untergrund muß trocken sein.

Abzugswert nach Angabe der Fa. Bostik. Pro cm² verklebte Fläche kann der abgebundene Kleber mit 6 kg auf Zug und Schwerbeanspruchung belastet werden

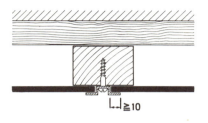

≥ 10

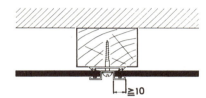

≥ 10

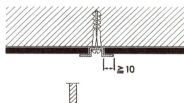

≥ 10

≥ 10

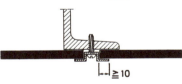

≥ 8

Klemmprofile

Tafelstreifen

Die Entwicklung von Tafelstreifen erfolgte, um die Unterkonstruktion so auszubilden, daß die Fassadenoberfläche keine sichtbaren Befestigungen hat. Bei Tafeldicken von mehr als 10 mm erfolgt die Verschraubung mit Nylon-Spreizdübeln und Halbrundholzschrauben; bei Dicken bis 8 mm mit Fischer-Spreizpatronen, wenn die Verlegung ohne Stülpung erfolgt. Kleinformatige Tafeln können auch vertikal und horizontal an montierte Tafelstreifen geklebt werden.

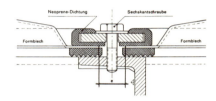

Neoprene-Dichtung   Sechskantschraube
Formblech   Formblech

Befestigung auf der Stahlunterkonstruktion mittels Klemmleisten und dichtschließenden Kunstkautschukprofilen (Gebrauchsmuster Linde AG)

Stumpfer Stoß bei Klemmprofilen. Gummi-Klemmprofil mit Spreizschnur

Aluminium-Hut-Profil. Füllung der Fuge mit Mineralwolle, Ränder gedichtet

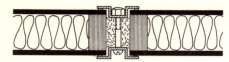

Aluminium-Hut-Profil. Füllung der Fuge mit Mineralwolle, Ränder mit Prestik oder anderen Kitten gedichtet

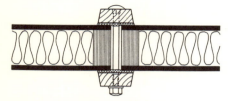

Klemmverbindung durch Holzleisten, lagernd auf einem elastischen Dichtungspuffer

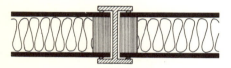

Aluminium-H-Profil. Verbindung durch Klemmung innerhalb der Flanschen, Ränder gedichtet

3.2 Metallkonstruktionen

Im Gegensatz zu Holzlattungen, die handwerksmäßig ausgeführt werden, handelt es sich bei den Unterkonstruktionen aus Metall um komplette Befestigungssysteme. Die Befestigung erfolgt mit Dübeln.

Metallkonstruktion, Schaubild

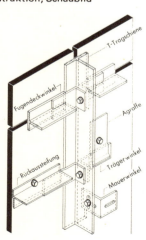

System Richter 305

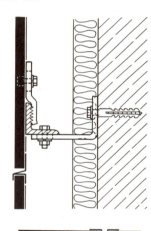

System Linzmeier

System Farit

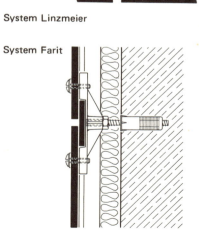

System mh 2000, Hoffknecht

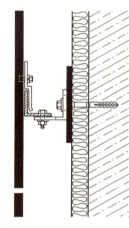

System Petersen

System Petersen, Federkonstruktion

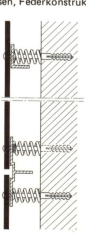

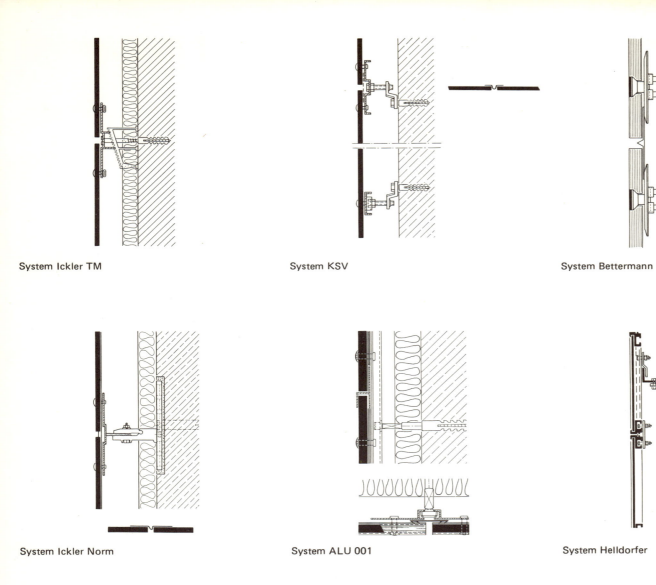

System Ickler TM

System KSV

System Bettermann

System Ickler Norm

System ALU 001

System Helldorfer

System Ickler Norm, unsichtbar

System Fischer DBD

System Wellmann

System Fassakoni

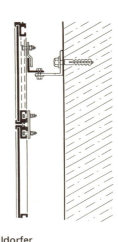

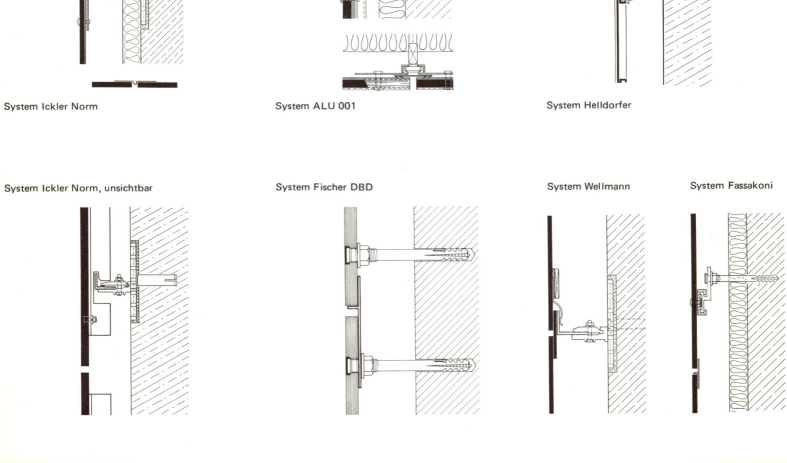

4. Asbestzementplatten Hinterlüftete Konstruktionen

4.1 Werkstoff

Asbest ist ein faseriges Mineral, das aus den Muttergesteinen Olivin, Augit oder Carbonaten gewonnen wird. Die unterschiedliche mineralogische Struktur ergibt die beiden Hauptgruppen, Serpentin- und Amphibol-Asbeste.

Die Herstellung von Asbestzement beruht darauf, daß die Asbestfasern allseitig mit einer Zementmilch umhüllt werden. So wird eine homogene Mischung beider Stoffe erreicht. Das Bindemittel Zement übernimmt dabei die Aufgabe, die Zug- und Biegezugfestigkeit des Asbests durch die notwendige Druckfestigkeit zu ergänzen.

Als Bindemittel wird genormter Portlandzement PZ 275 verwendet. Das Mischungsverhältnis von Asbest zu Zement richtet sich nach der zur Umhüllung der Asbestfasern notwendigen Zementmenge. Ein Mischungsverhältnis nach Gewichtsteilen von Asbest zu Zement beträgt üblicherweise 1 : 6.

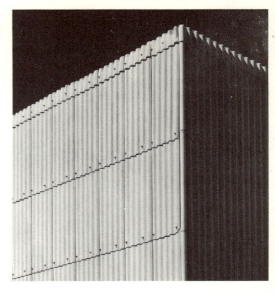

Siloanlage Göllheim/Pfalz. Arch. Prof. Neufert

Terrassenhochhaus Berlin. Arch. Prof. Schliephacke

Wohnanlage Karlsruhe-Mittelreut.
Arch. Prof. Schelling

Oben rechts: Altenheim Springe. Arch. Krafft und
Dücker

Ausstellungshallen in Berlin. Arch. Franke

Wohnhochhaus in Berlin. Arch. Hinrichs

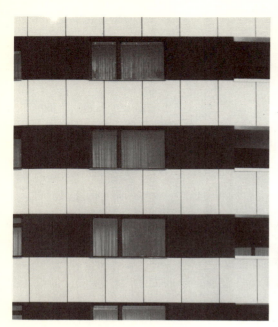

Wohnhaus Berlin-Spandau. Arch. Wetzel

Verwaltungshochhaus in Frankfurt. Arch. Fischer, Krüder, Rathei

Wohnanlage Bremen-Schwachhausen. Arch. Prof. F. und J. Spengelin

Wohnhochhaus in Detmold. Arch. Enzensberger

Wohnhochhaus in Berlin. Arch. Prof. Dr. Gropius

Das Rohmaterial wird zur Herstellung von dampfgehärteten Tafeln in der Standardbreite von 1250 mm verwandt. Die Längen können je nach Tafelart und Materialdicke 2000, 2500, 2800, 3100 und 3580 mm betragen. Die hochgepreßten dampfgehärteten Tafeln dienen auch als Grundmaterial zur Herstellung farbiger Platten.

Profilierte Asbestzementplatten werden im Herstellungsprozeß in der Plattenmaschine oberflächenbeschichtet. Sie erhalten nach einer kurzfristigen ersten Abbindezeit einen Schutzfilmauftrag, der die Beständigkeit der eingestreuten Farbe gewährleisten soll.

Exterelo-Fassadenplatten besitzen eine starke Profilierung der Oberfläche mit lebhafter Struktur. Sie werden in verschiedenen Oberflächenstrukturen hergestellt, sind dampfgehärtet und werden mit verschiedener Kantenausbildung geliefert. Bei flachen Kanten können die Platten auf die gewünschten Dimensionen zugeschnitten werden. Bei den übrigen Kantenausbildungen ist es notwendig, die volle Platte in den angegebenen Abmessungen zu verwenden.

Versöhnungskirche Sindelfingen. Arch. Rall

Wohnhochhaus in Detmold. Arch. Enzensberger

Meta-Stadt, industrialisierter Städtebau. Arch. Dietrich

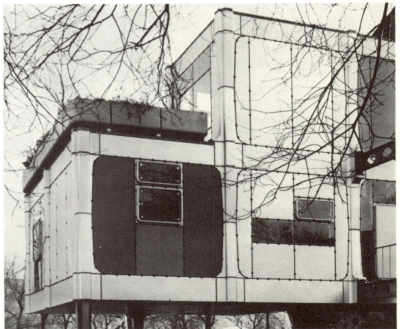

57

Olympia-Zentrum Kiel-Schilksee. Arch. Storch und Ehlers

Fassadenplatten Exterelo

4.2 Abmessungen

Für Fassaden kommen ebene und gewellte sowie beschichtete Platten und Tafeln infrage. Die Gliederung nach Formaten erfolgt in:
Fassadenplatten, Format durch Produktion im Werk festgelegt, teilweise gelocht
Fassadentafeln, Zuschnitt nach baulichen Gegebenheiten.

Fassaden aus ebenen Materialien
z.B. Eternit-Fassadentafeln, Colorit. Glasal, Weiß-Eternit 72. Ebene Tafeln hellgrau, dampfgehärtet, Dicke 6 + 8 mm, Abmessung 1280 x 2530/3130 mm mit Stanzkanten.

Weiß-Eternit
Tafelformate
mit Stanzkanten: Dicken:
1280 x 2530 mm   6 − 8 − 10 − 12 − 15 − 20 mm
1280 x 2830 mm   6 − 8 − 10 − 12 mm
1280 x 3130 mm   6 − 8 − 10 − 12 − 15 − 20 mm
1250 x 3580 mm   8 − 10 − 12 − 15 − 20 mm

Eternit-Fassadenplatten-Großformate
Abmessungen: 41,5 x 157   cm
                41,5 x 125   cm
                41,5 x 83,3 cm
                41,5 x 62,5 cm
Dicke: 4 mm
Farben: perlweiß, edelgrau und sandgelb
Material: Eternit-Colorit 2000, einfarbig

Unterkonstruktion (Latten auf Wärmedämmung)
1 senkrechte Mittellatte $\geqq$ 3/5 cm
2 senkrechte Fugenlatte $\geqq$ 3/7 cm mit aufgelegtem Eternit-Fugenband 36 mm
3 Tafelbefestigung
4 Eternit-Fassadentafel
5 Befestigung der Holzunterkonstruktion

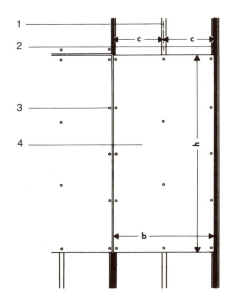

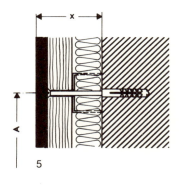

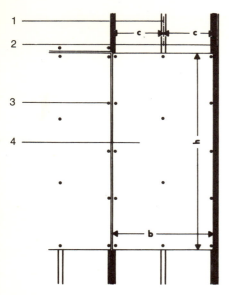

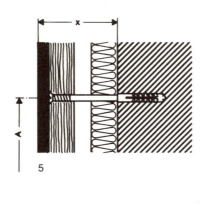

5

Unterkonstruktion (Wärmedämmung, Fischer Abstandsmontage)

Eternit-Fassadenplatten-Format 60/30 cm
Dicke: ca. 4 mm
Farben und
Materialien:

Eternit-Colorit 2000, einfarbig
edelgrau, perlweiß und sandgelb

Eternit-Colorit 2000, gesprenkelt
edelgrau, perlweiß und sandgelb

Eternit-Colorit granuliert
weiß, hellgrau, dunkelgrau, gelb,
grün und rot

Eternit-Colorbeste, einfarbig
weiß, hellgrau und schwarzgrau

Eternit-Colorbest, granuliert
beigebraun, schwarzgrau, grün
und weiß

Eternit-Colorit 2000-Kleinformate, einfarbig
perlweiß, edelgrau und sandgelb,
in 8 verschiedenen Verlegearten
Plattenformate: max. 60/15 cm;
min. 15/15 cm.

1 senkrechte Mittellatte $\geqq$ 3/5 cm
2 senkrechte Fugenlatte $\geqq$ 3/7 cm mit aufgelegtem
  Eternit-Fugenband 36 mm
3 Tafelbefestigung
4 Eternit-Fassadentafel
5 Befestigung der Holzunterkonstruktion

Unterkonstruktion (keine Wärmedämmung)

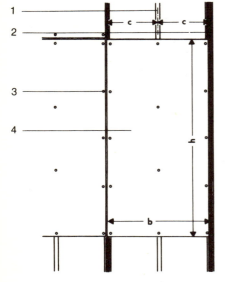

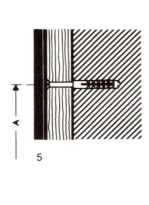

5

Unterkonstruktion (Wärmedämmung zwischen Konterlattung)
1 senkrechte Mittellatte $\geqq$ 3/5 cm
2 waagerechte Konterlattung $\geqq$ 3/5 cm
3 Befestigung: Lattung auf Konterlattung mit kreuzweise eingeschlagenen Nägeln
4 Tafelbefestigung
5 Eternit-Fassadentafel
6 senkrechte Fugenlatte $\geqq$ 3/7 cm mit aufgelegtem
  Eternit-Fugenband 36 mm
7 Befestigung der Holzunterkonstruktion

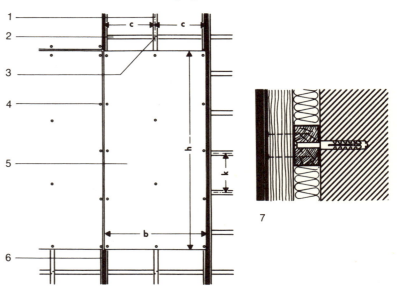

7

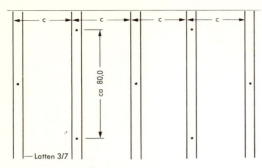

Anordnung der Holzunterkonstruktion. Senkrechte Lattung. Schnürabstand „c" = Plattenbreite plus Fuge. Verankerung im Untergrund ca. alle 80 cm

Latten 3/7

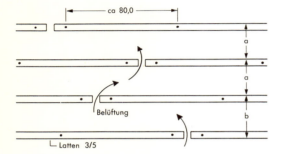

Latten 3/5

Waagerechte Lattung. Lattenlänge 3,00 m, im Stoßbereich mit 5 cm Abstand zwecks Belüftung verlegen. Der Schnürabstand „a" = Plattenhöhe minus Überdeckung (z.B. 30—3,5 = 26,5). Schnürabstand „b" (Anfangslatten) = volle Plattenhöhe

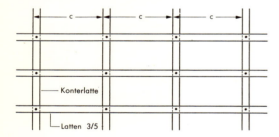

Konterlatte

Latten 3/5

Waagerechte Lattung mit Konterlattung. Konterlattendicke mind. 2,5 cm. Abstand „c" max. ca. 80 cm. Befestigung der Konterlatten

Holzschalung

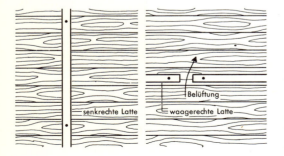

senkrechte Latte   waagerechte Latte   Belüftung

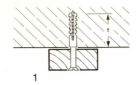

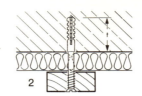

Befestigung der Holzunterkonstruktion
1 auf festem Untergrund mit Senkkopfholzschrauben 7/. . . (Mindestverankerungstiefe „t" = 50 mm) und Spreizdübel aus Kunststoff oder Metall Ø 10 mm
2 bei drucksteifer Dämmung gleiche Befestigungsart wie vor

Fassadenplatten-Kleinformate

Doppeldeckung (mit oder ohne gestutzte Ecken)

Formate cm	Überdeckung cm	Schnürung waagr. cm	Schnürung senkr. cm	Materialbedarf/m² eingedeckte Fassadenfläche Platten St.	Nägel St.	Unterlage Latten (m)
40/20	5	17,50	20,50	28,57	57	5,71
30/30	3	13,50	30,50	24,69	49	7,41
30/20	3	13,50	20,50	37,04	74	7,41

Schuppensteindeckung

Format cm	Überdeckung cm	Schnürung waagr. cm	Schnürung senkr. cm	Materialbedarf/m² eingedeckte Fassadenfläche Platten St.	Nägel St.	Unterlage
20/40	5	7,50	15,00	33,33	67	Vollschalung

Waagrechte Deckung

Formate cm	Überdeckung cm	Schnürung waagr. cm	Schnürung senkr. cm	Materialbedarf/m² eingedeckte Fassadenfläche Platten St.	Nägel St.	Unterlage Latten (m)
20/40	4/4	16	36	17,36	35	6,25
20/30	3/4	17	26	22,62	45	5,88
15/30	3/4	12	26	32,05	65	8,33

Wabendeckung (mit einer gestutzten Ecke)

Formate cm	Überdeckung cm	Schnürung waagr. cm	Schnürung senkr. cm	Materialbedarf/m² eingedeckte Fassadenfläche Platten St.	Nägel St.	Unterlage Latten (m)
30/30	4	15,27	42,27	14,97	29	6,54
20/20	3	9,61	21,51	34,60	69	10,41

Bei Drehung um 45° kann die Platte für waagrechte Deckung mit einer gestutzten Ecke verwendet werden

Doppeldeckung in Streifen (mit oder ohne gestutzte Ecken)

Format cm	Überdeckung cm	Schnürung waagr. cm	Schnürung senkr. cm	Materialbedarf/m² eingedeckte Fassadenfläche Platten St.	Nägel St.	Unterlage
15/60	3	6	22,65	27,78	55	Vollschalung

Deutsche Deckung

Format cm	Über-deckung cm	Schnürung waagr. cm	Schnürung senkr. cm	Materialbedarf/m² eingedeckte Fassadenfläche Platten St.	Nägel St.	Unterlage
20/20	4	16	16	39,06	80	Vollschalung

Die Verlegung kann auch ohne Gebindesteigung vorgenommen werden

Geschlaufte Deckung

Formate cm	Über-deckung cm	Schnürung waagr. cm	Schnürung senkr. cm	Materialbedarf/m² eingedeckte Fassadenfläche Platten St.	Nägel St.	Unterlage Latte(m)
30/30	4/4	26	26	14,79	30	3,84
30/20	4/4	26	16	24,00	48	3,84

Schablonen-Deckung

Formate cm	Über-deckung cm	Schnürung waagr. cm	Schnürung senkr. cm	Materialbedarf/m² eingedeckte Fassadenfläche Platten St.	Nägel St.	Unterlage Latten (m)
30/30	3	18,85	38,69	13,72	28	5,31
20/20	3	11,77	24,55	34,60	70	8,50

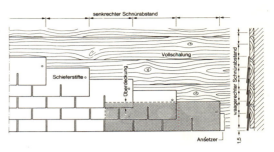

Doppeldeckung in Streifen

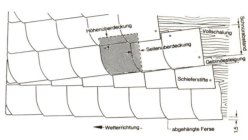

Deutsche Deckung

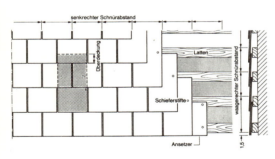

Doppeldeckung

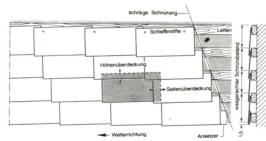

Waagerechte Deckung

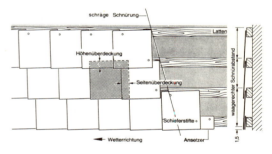

Geschlaufte Deckung

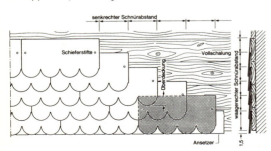

Schuppensteindeckung

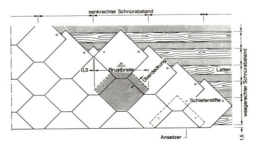

Wabendeckung

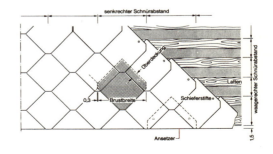

Schablonen Deckung

Fassaden aus gewellten Materialien

Wellplatten, Profil 5 (177/51)

Wellenbreite:	177 mm
Wellenhöhe:	51 mm
Dicke:	6,5 mm
Breite:	920 mm
Farben und Plattenlängen:	3300, 2500 mm — blau, grün, ocker
	2500, 2000, 1600 und 1250 mm — Naturfarbe hellgrau, dunkelgrau, rostbraun

Wellplatten, Profil 8 (130/30)

Wellenbreite:	130 mm
Wellenhöhe:	30 mm
Dicke:	6 mm
Farben und Plattenlängen:	2500 und 1600 mm, weiß
	2500, 2000, 1600, 1250 mm — Naturfarbe hellgrau, dunkelgrau, rostbraun

Eternit-Maxi 80

Wellenbreite:	275 mm
Wellenhöhe:	54 mm
Dicke:	6 mm
Breite:	1180 mm
Farben und Plattenlängen:	3660, 3050, 2500 mm — Naturfarbe hellgrau und große Farbpalette

Eternit-Canaleta

Wellenbreite:	1000 mm
Wellenhöhe:	245 mm
Dicke:	8 mm
Farben und Plattenlängen:	7500 und 4000 mm — Naturfarbe hellgrau, weiß, blau, grün und ocker

Fassaden aus stark strukturierten Materialien

Z.B. Exterelo

Abmessungen:	max. 1220 x 3050 mm, min. 603 x 603 mm
Dicke:	6 mm
Farben:	8
Strukturen:	9
Kantenausbildungen:	6

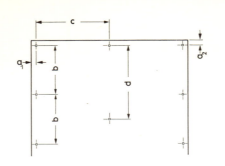

Befestigungsabstände

Befestigungsart	Tafeldicke (mm)	Abstände in (mm)		"A"	"B"	"D"
Nägel	3,2 u. 4	≥ 15			300	600
	5 u. 6				400	600
Schrauben	3,2 u. 4	a_1	a_2		300	600
	5 u. 6				400	600
	8	≥ 20	≥ 80		600	800
	≥ 10				800	1200
Nieten	3,2 u. 4	≥ 30	≥ 80		300	600
	5 u. 6				400	600
	8				600	800
	≥ 10				800	1200
Dübel	≥ 12	≥ 50			800	800
Kleben	3,2 bis 20	≥ 10		Vertikal durchlaufend Abstände s.		

Kleben: Für das Anbringen nach der Klebemethode sind aus verlegetechnischen Gründen folgende max. Plattengrößen zu empfehlen

8 mm	= 3 m^2
10 mm	= 2 m^2
15 mm	= 1,50 m^2
20 mm	= 0,75 m^2

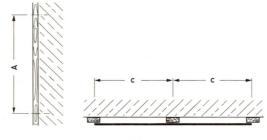

Unterstützungsabstände "C"

Plattendicke (mm)	Gebäudehöhe			
	Fläche		Eckbereich	
	bis 20 m	über 20 m	bis 20 m	über 20 m
3,2 bis 5	500	400	300	200
6 bis 8	700	600	400	300
$\geq$ 10	800	800	600	600

4.3 Beispiele

Gebäudeecken

Fensterlaibungen und Fensterbrüstungen
Fensterlaibungen werden umlaufend mit Latten eingefaßt. Unabhängig davon, ob eine horizontale oder vertikale Lattung aufgebracht wird, werden alle Latten bündig in der Flucht der Laibung befestigt. Die Latte liegt mit der Laibung bzw. mit der vorher montierten Konterlattung in einer Flucht.
Die Fugen werden offen, hinterlegt oder mit Deckprofilen ausgeführt. Bei Befestigung mit Klemmprofilen wird gleichzeitig die Fuge geschlossen und ggf. mit Gummi-Fugenband oder Prestik gedichtet.

Vertikale und horizontale Fugen
Sichtbare vertikale Fugen hinterlegt z.B. mit Gummi-Fugenband, Bitumen-Pappstreifen, Kunststoff- oder Aluminiumfolie, Klebband mit Gewebeeinlage, ebenen Tafelstreifen
Horizontale Fugen überdeckt verlegt (Stülpdeckung)
Sichtbare Fugen mit hinterlegtem Gummi-Fugenband
Sichtbare Fugen mit hinterlegtem, 1 mm dickem Aluminium-Stauprofil
Fugen mit Aluminium-, Zink- oder Kunststoff-Z-Profil gedichtet

Stoßgeschützter Sockel (Tafeln auf Tafelstreifen)
1 Fugenband
2 Eternit ebene Tafeln/Internit
3 vertikaler Eternit-Tafelstreifen
4 Eternit-Glasal/Weiss-Eternit
5 Lüftungsprofil Maisch
6 Hinterlüftung
7 Luft

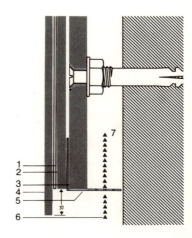

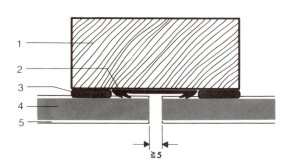
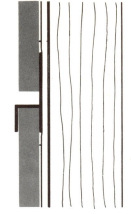

Verkleidung, unsichtbare Klebe-Befestigung
1 senkrechte Fugenlatte $\geq$ 3/7 cm, tafelseitig ge-
   hobelt
2 Eternit-Fugenband 36 mm
3 Bostik-Pad-Streifen
4 Eternit-Fassadentafel
5 Maisch-Fugenprofil

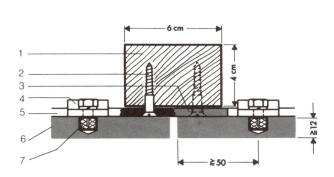
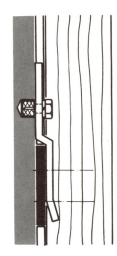

Verkleidung, unsichtbare Dübel-Befestigung
1 senkrechte Latten $\geq$ 4/6 cm
2 nicht korrodierende Senkkopfholzschrauben 4,5/
   35 mm
3 Internit 5 mm
4 Agraffe
5 korrosionsgeschützte Halteschienen 5/50 mm,
   Befestigungsabstand $\geq$ 80 cm
6 Eternit-Fassadentafel $\geq$ 12 mm
7 Dübel TD 2

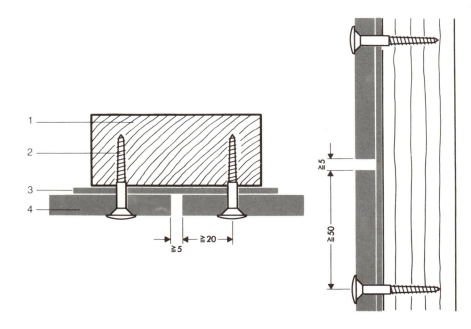

Verkleidung, sichtbare Schraub-Befestigung
1 senkrechte Fugenlatte $\geq$ 3/7 cm
2 Messing-Fassadenschrauben 4,5/35 mm mit tafelfarbiger Kunststoffkappe
3 Internit 2 mm
4 Eternit-Fassadentafel

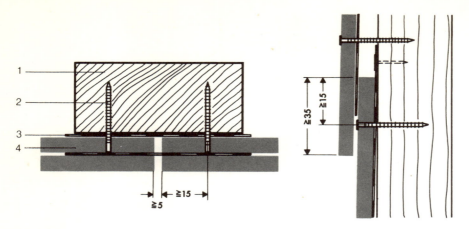

Verkleidung, sichtbare Nagel-Befestigung
1 senkrechte Fugenlatte ≦ 3/7 cm
2 nichtrostende Spezialnägel
3 Eternit-Fugenband 36 mm
4 Eternit-Fassadentafel max. 6 mm

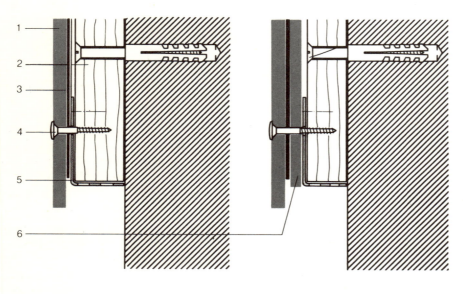

Sockel
1 Eternit-Fassadentafel
2 senkrechte Holzlattung
3 Eternit-Fugenband 36 mm (Internit, Dachpapp-
  streifen)
4 Fassadenschraube 4,5/ . . .
5 Maisch-Lüftungsprofil
6 Internit-Tafel Lattendicke vermindert sich im
  Hinterlegungsbereich um Tafeldicke

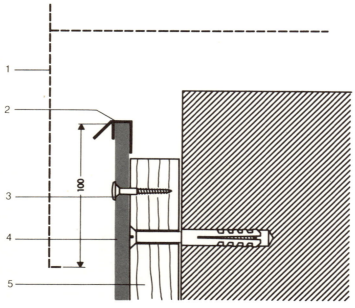

Traufe
1 Dachrandausbildung mit Eternit-Profilen bzw.
  andere Lösungen
2 Maisch-Regenabweisprofil
3 Fassadenschraube, Messing mit tafelfarbiger
  Abdeckkappe
4 Eternit-Fassadentafel
5 Holzlattung

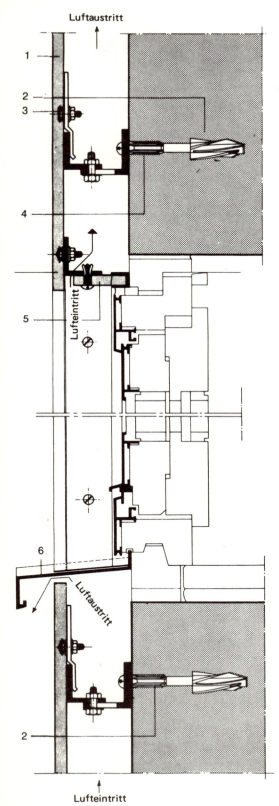

Luftaustritt

1
2
3
4
5
6

Lufteintritt

Lufteintritt

Luftaustritt

Luftaustritt

2

Lufteintritt

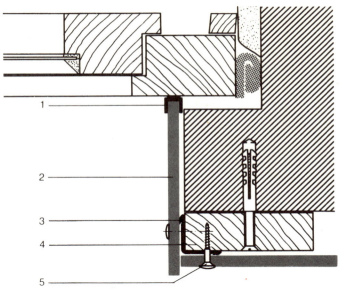

1
2
3
4
5

Fensterlaibung
1 Kunststoff-U-Profil. Dauerelastischer Kitt zwischen
  Profil und Rahmenholz, Profil und Tafel
2 Eternit-Fassadentafel
3 Eternit-Fugenband 60 mm
4 senkrechte Holzlatte 3/10 cm
5 Fassadenschraube, Messing, 4,5/ . . .

Links: Befestigung von großformatigen Asbestzementplatten von Ytong-Wänden
1 weiße Asbestzementplatte, dampfgehärtet
2 Gasbetondübel
3 Dübel
4 Reduzierhülse
5 Asbestzementplatte
6 Alu-Fensterbank (bauseits)

Bei der Konterlattung ist zur Befestigung der Eck-
dichtung die Ecklatte vertikal einzupassen

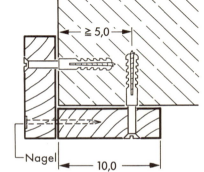

≧ 5,0

Nagel

10,0

Die Ecklatten sind so breit zu wählen, daß genügend
Mauerwerk zur Verankerung verbleibt. Die Latten
sind vorher zu einer Ecke zusammenzunageln

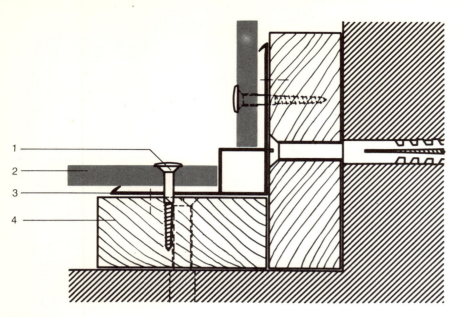

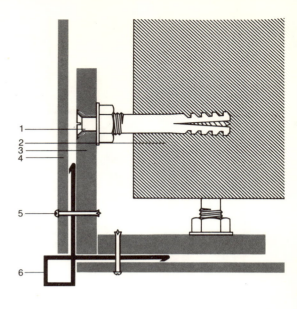

Innenecke
1 Fassadenschraube 4,5/. . .
2 Eternit-Fassadentafel
3 Maisch-Fugenprofil
4 senkrechte Holzlatten $\geqq$ 3/7 und 3/10 cm

Außenecke
1 Abstandsbefestigung, System Fischer (Abstand von
   der Wandecke $\leqq$ 50 mm)
2 Mauerwerk
3 Eternit Ebene Tafeln
4 Eternit-Colorit 2000 Eternit-Glasal/Weiss-Eternit
5 Halbrundholzschraube 3 x 25 DIN 96 Ms vern.,
   Fischer Spreizpatrone P 4 x 23 R
6 Kunststoffeckprofil (außen)

Außenecke
1 Fassadenschraube 4,5/ . . .
2 Eternit-Fugenband 60 mm
3 senkrechte Holzlatten $\geqq$ 3/10 cm
4 Eternit-Fassadentafel

Innenecke
1 Abstandsbefestigung, System Fischer
2 Mauerwerk
3 Eternit Ebene Tafelstreifen
4 Eternit-Colorit 2000 Eternit-Glasal/Weiss-Eternit
5 Halbrundholzschraube 3 x 25 DIN 96 Ms vern.,
   Fischer Spreizpatrone P 4 x 23 R
6 Kunststoffeckprofil (innen)

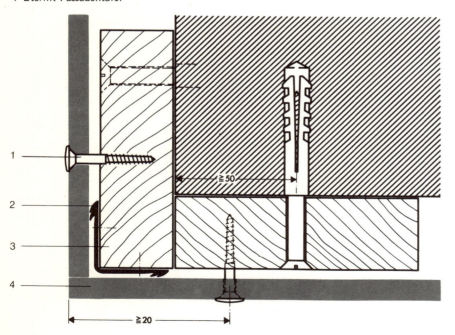

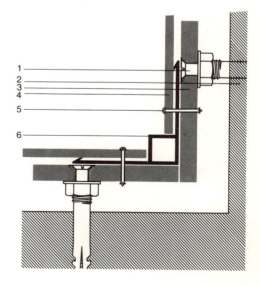

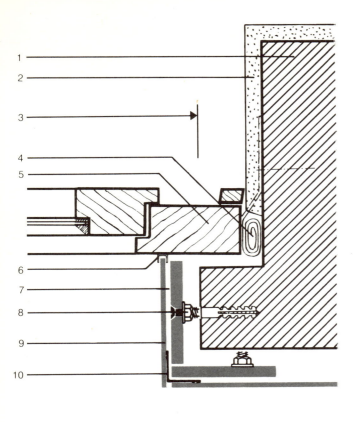

Fensterlaibung
1 Mauerwerk
2 Putz
3 Rohbaumaß
4 Dichtungsstrick
5 Fensterrahmen
6 U-Profil aus PVC
7 Eternit-Tafelstreifen
8 Halbrundholzschraube 3 x 25 DIN 96 Ms ver-
   nickelt, Fischer-Spreizpatrone P 4 x 23 R
9 Eternit-Glasal/Weiß-Eternit Eternit-Colorit
10 Eternit-Fugenband

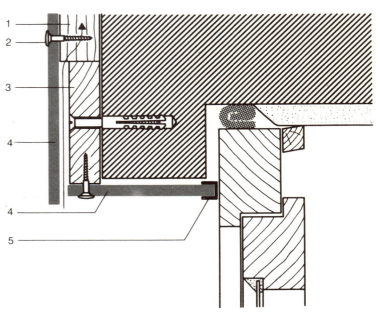

Fenstersturz
1 Holzlattung
2 Fassadenschraube, Messing mit tafelfarbiger Abdeckkappe
3 waagerechtes Holz 24 mm
4 Eternit-Fassadentafel
5 Kunststoff-U-Profil

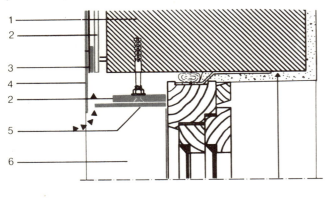

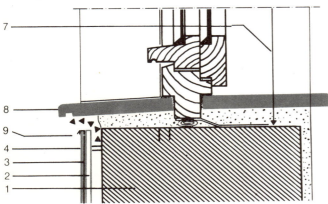

Sturz
1 Mauerwerk
2 Eternit-Tafelstreifen
3 Eternit-Fugenband
4 Eternit-Colorit 2000 Eternit-Glasal/Weiß-Eternit
5 Eternit Ebene Tafel
6 Laibung
7 lichte Höhe
8 Eternit-Fensterbank
9 Regenabweisprofil

5. Kunststoff-Bekleidungen

5.1 Werkstoffe

Für Fassaden kommen strenggepreßte (extrudierte) Trapez- und Spundwandprofile sowie doppelwandige Hohlraumprofile mit Flächenversteifung infrage. Grundstoffe sind PVC, Plexiglas und glasfaserverstärkte Polyesterharze.

Die geringe Flächensteifigkeit von Platten beruht auf dem geringen Biege-Elastizitäts-Modul des Materials. Auf Grund des hohen Ausdehnungskoeffizienten sind Längenänderungen bis zu 6,0 mm/m möglich. Diese Bewegungen führen bei planebenen Platten zu unerwünschten Verformungen und Verwerfungen, wenn sie nicht konstruktiv aufgefangen werden. Durch räumliche Strukturen werden diese Bewegungen unauffällig ausgeglichen.

Die Farbgebung ist für das Maß der Dehnungen mitbestimmend. Bei hellen Farbtönen beträgt die Ausdehnung der Platten nur 60 % gegenüber solchen mit dunklen Farben.

Die Befestigung erfolgt sichtbar oder unsichtbar durch Kleben, Nageln, Dübeln, Schrauben, Klemmen u.a.

Als Unterkonstruktion in einfachster Ausführung eignen sich Holzlattenroste, die jedoch nicht die Anforderungen der Feuersicherheit erfüllen. Als beständigere Ausführungen kommen Befestigungssysteme mit Metall- oder Aluminiumprofilen in Betracht.

Als Baustoffe werden Hart-PVC (Polyvinylchlorid), GUP (glasverstärkte ungesättigte Polyesterharze), PMMA (Polymethylmetacrylat) verwendet. Kunststoffe haben geringes Gewicht, sind beliebig zu färben und gut zu verformen. Bei geeigneten Qualitäten ist Kunststoff in hohem Maße alterungs- und witterungsbeständig. Für Fassaden sind „schwer entflammbare" Kunststoffe vorgeschrieben. Diese können bis zur Hochhausgrenze verwendet werden, darüber nur für Wände ohne Öffnungen.

Kunststoffe haben eine hohe Wärmedehnung. Bei 70° Temperaturdifferenz beträgt die Längenänderung pro m bei PVC 5,6 mm, bei PMMA 4,9 mm, bei GUP 1,8 mm; bei Aluminium 1,5 mm, bei Beton 0,7 mm. Senkrecht laufende Spundwand- und horizontale Hohlkammerprofile erhalten mindestens pro Geschoß eine Dehnfuge. Die Befestigungen müssen beweglich sein (Langloch etc.).

Kassetten werden im Tiefziehverfahren hergestellt. Durch ihre Form nehmen sie die Wärmedehnung unauffällig auf. Formate bis 1,25/3,00 m.

5.2 Ausführungsbeispiele

Bürogebäude Neue City in Hamburg, System Farbwerke Hoechst

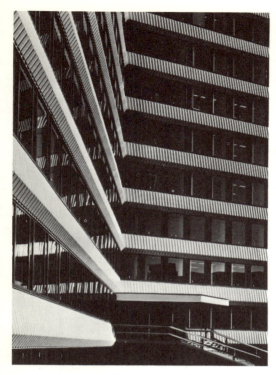

Verwaltungsgebäude Frankfurt, Hostalit Z

Fassadenverkleidung, System Novo

Fassadenverkleidung, System Gropiusstadt

Fassadenverkleidung, System Schildkröt

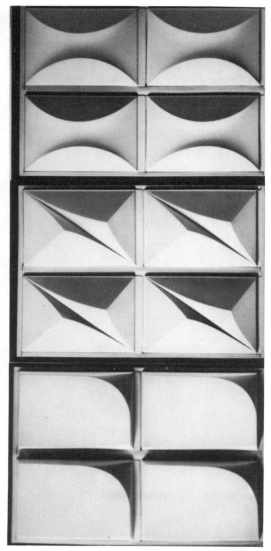

Kassetten-System Marley

GUP-Elemente

Links Fassaden-Elemente, Franz Mayer'sche Hof-kunstanstalt, München

Fa. Schweisfurt, Herten

Kaufhaus Quelle, Essen

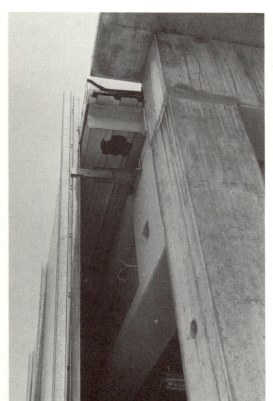

Detail

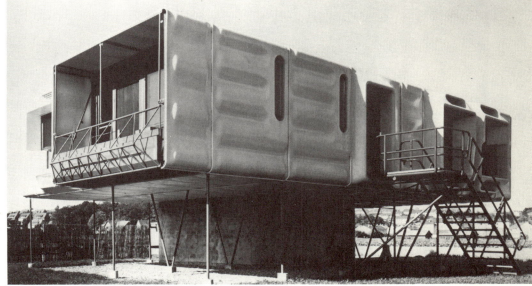

Kunststoffhaus. Arch. Schmid

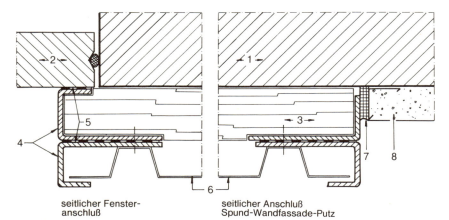

seitlicher Fenster-
anschluß

seitlicher Anschluß
Spund-Wandfassade-Putz

Fassadenverkleidungen mit Kunststoff-Kassetten
1 Mauerwerk
2 Fenster
3 Lattung
4 Abschlußprofil
5 Dichtungsband
6 Spundwandprofil
7 Dichtungsfuge
8 Putz

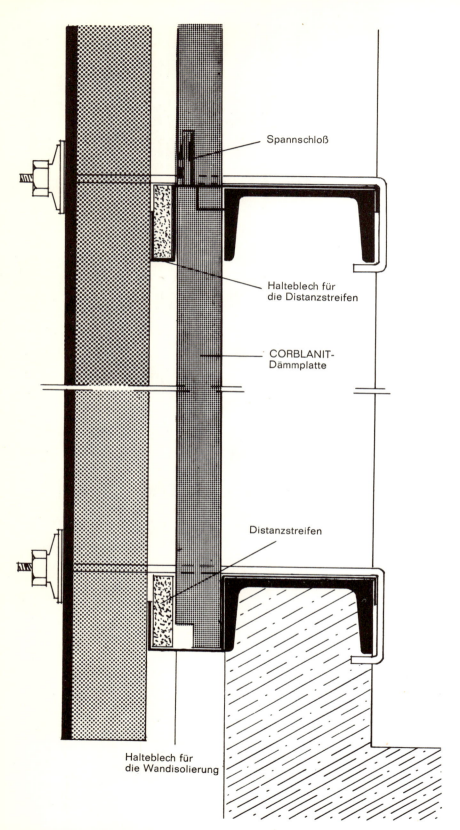

Spannschloß

Halteblech für
die Distanzstreifen

CORBLANIT-
Dämmplatte

Distanzstreifen

Halteblech für
die Wandisolierung

Kunststoff-Fassade. Fa. Rheinhold & Mahla

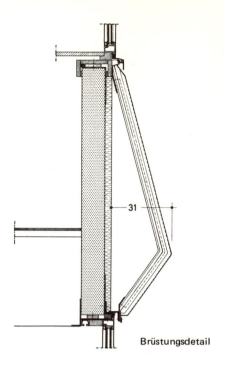

31

Brüstungsdetail

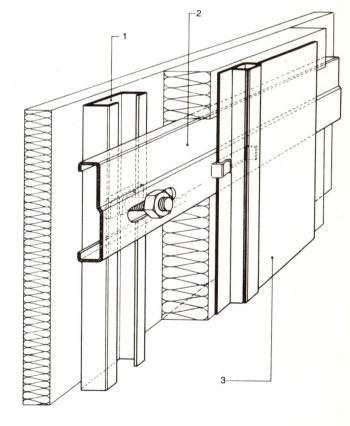

1

2

3

Hebrok-Kunststoff-Fassade
1 Ankerschiene
2 Halteschiene
3 Kunststoff-Fassadenprofil

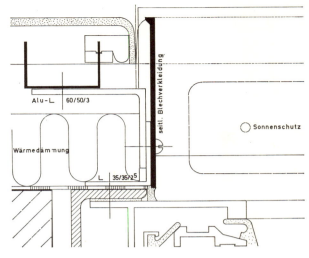

Fensterlaibung

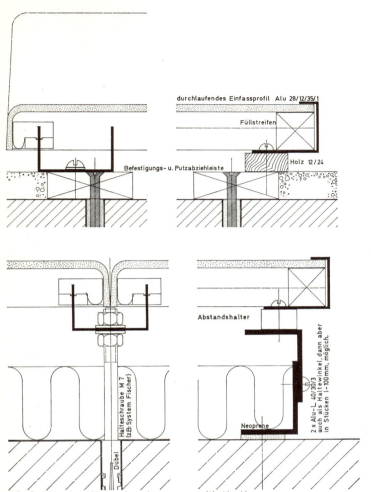

Franz Mayer'sche Hofkunstanstalt, add-element bau

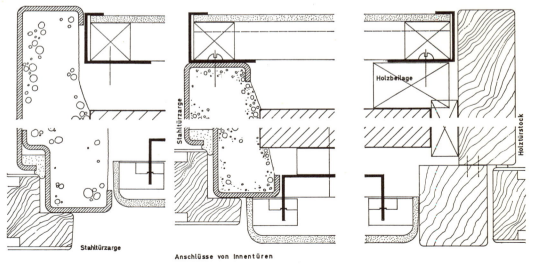

Türanschlüsse

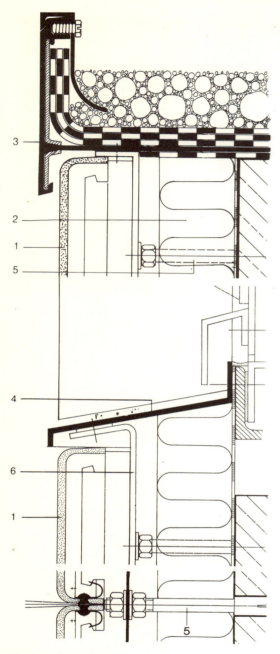

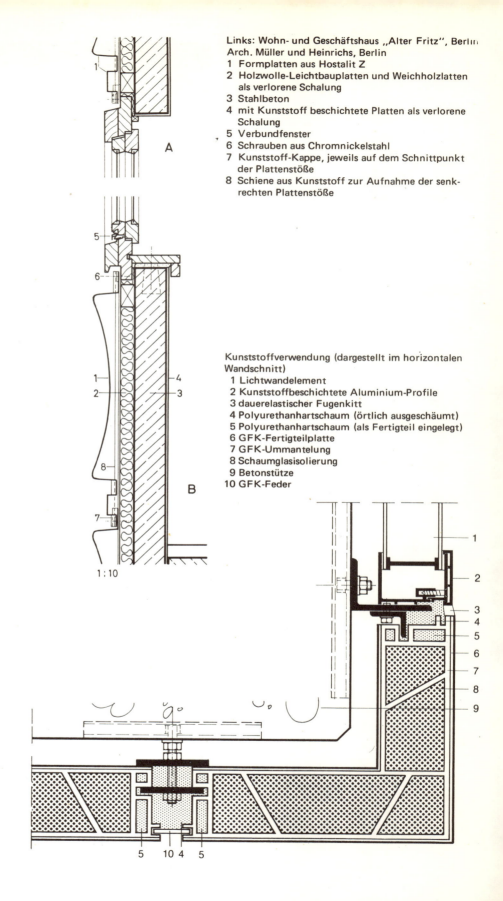

Links: Wohn- und Geschäftshaus „Alter Fritz", Berlin
Arch. Müller und Heinrichs, Berlin
1 Formplatten aus Hostalit Z
2 Holzwolle-Leichtbauplatten und Weichholzlatten als verlorene Schalung
3 Stahlbeton
4 mit Kunststoff beschichtete Platten als verlorene Schalung
5 Verbundfenster
6 Schrauben aus Chromnickelstahl
7 Kunststoff-Kappe, jeweils auf dem Schnittpunkt der Plattenstöße
8 Schiene aus Kunststoff zur Aufnahme der senkrechten Plattenstöße

A

B

1:10

Kunststoffverwendung (dargestellt im horizontalen Wandschnitt)
1 Lichtwandelement
2 Kunststoffbeschichtete Aluminium-Profile
3 dauerelastischer Fugenkitt
4 Polyurethanhartschaum (örtlich ausgeschäumt)
5 Polyurethanhartschaum (als Fertigteil eingelegt)
6 GFK-Fertigteilplatte
7 GFK-Ummantelung
8 Schaumglasisolierung
9 Betonstütze
10 GFK-Feder

Vertikaler Fassadenschnitt
1 Fassadenelement
2 Wärmedämmung
3 Dachabschluß
4 Fensterbank
5 Halteschraube M 7
6 Gekantetes Alu-Halteprofil

6. Metall-Bekleidungen

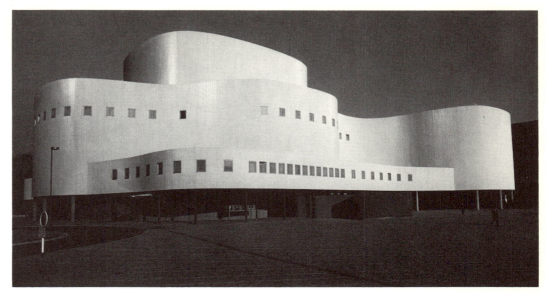

Neues Schauspielhaus Düsseldorf. Sandwichverzinkte und kunststoffbeschichtete Stahlbleche. Arch. Pfau

6.1 Wellblech, bandverzinktes, emailliertes, kunststoffbeschichtetes Blech

Metallbekleidungen werden als zweischalige hinterlüftete Konstruktionen ausgeführt. Metall wird als Platte, Band, Coil (Vielflächer) oder Profilblech verarbeitet.

Bandverzinkte Trapezprofile gibt es in verschiedenen Profilierungen in Materialstärken und Baubreiten bis zu 18 m Länge. Als Anwendungsbereich kommen ungedämmte Wandkonstruktionen und doppelschalig gedämmte Wände infrage. Durch die großen Längen werden

Schnitt
1 THYSSEN-Wandelement
2 Verzinkte Befestigungsklammer mit Klemmlasche
3 Verbindung: Verzinkte Befestigungsklammer ohne
   Klemmlasche. Abstand 400 mm
4 Riegel: Winkelstahl korrosionsgeschützt
5 Konsole: Winkelstahl-Konsole korrosionsgeschützt
6 Befestigung mit Steinanker und Schrauben;
   2 Stück/Winkel
7 Verzinkte Sechskantschraube M 8 x 25 mit Mutter
   und 2 Scheiben

Querstöße vermieden. Die Steifigkeit ist höher als bei ebenen Platten. Wand- und Fassadenverkleidungen aus verzinktem Blech werden aus ebenen und profilierten Platten in verschiedenen Konstruktionsarten hergestellt. Die Wetterhaut kann aus ebenen Zink-Titan-Bändern bestehen, die in Doppelstehfalzverbindung auf einer hinterlüfteten Holzschalung mit Haftern befestigt werden. Als Trennschicht dient eine Zwischenlage aus 500er talkumierter Bitumendachbahn. Als weitere Möglichkeit stehen vorgefertigte kassettenförmige Verkleidungselemente in verschiedenen Formaten zur Verfügung. Hierbei wird eine tragende Unterkonstruktion aus feuerverzinkten Winkelstahlprofilen oder eine Holzunterkonstruktion gewählt. Die Befestigung erfolgt mit Klemm- oder Schraubverbindungen.

Die Abmessungen von Zink-Titan betragen: Bandlängen max. 10 m, größere Längen müssen durch Schiebenähte unterteilt werden. Bandbreiten nicht über 600 mm. Kassetten in Normgrößen 300 x 300 mm und 500 x 500 mm, sowie in Sonderformaten. Blechdicken bei Bändern min. 0,85 mm, Kassetten mind. 1 mm.

Zink hat eine hohe Korrosionsbeständigkeit. In feuchter Luft überzieht sich die blanke Ober-

Kreisförmig getragene Stahltrapezbleche, Ausstellungspavillon Hannover

Verkleidung mit Zink-Titan-Platten, Doppelstehfalz. Arch. Stadt Düsseldorf

Mannesmann AG, Düsseldorf, Arch. Prof. Schneider-Esleben und Dr. Knothe. Emaillierte Brüstungsplatten

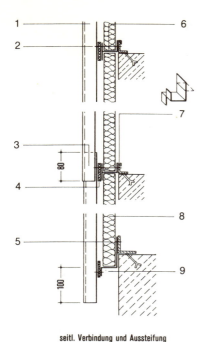

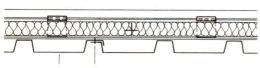

seitl. Verbindung und Aussteifung
Nut und T-Steg

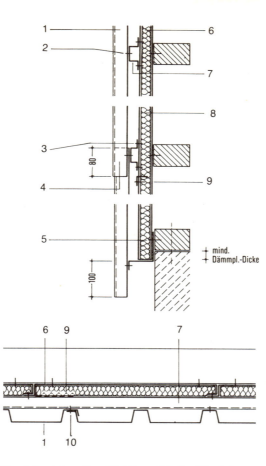

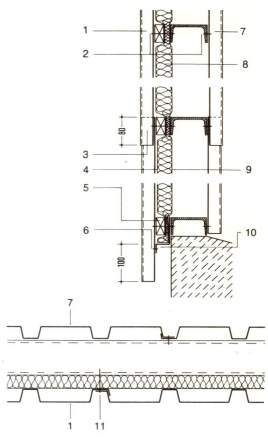

+ mind.
+ Dämmpl.-Dicke

Einschalige Außenwände. Wandelement: Stahltrapezbleche. Unterkonstruktion: Betonteile
 1 Wandelement
 2 Edelstahlschraube mit Edelstahlscheibe und Dichtung. Befestigung entsprechend statischen Erfordernissen, jedoch mind. jede 2. Sicke; am oberen und
   unteren Riegel und an Querüberdeckungen jede
   Sicke
 3 Querüberdeckung
 4 Distanzstreifen 5 x 50 mm (Hartfaser) mit verzinktem Drahtstift geheftet
 5 verzinkte Schraube oder Setzbolzen, korrosionsgeschützt, Abstand ca. 333 mm
 6 Dämmplattenstoß
 7 Halter aus verzinktem Stahlblech, 1 Stück je
   Dämmplatte (am Riegel gekantet)
 8 Dämmplatte
 9 Stützprofil
10 Längsüberdeckung. Verbindung: Blindniete mit
   Füllstift oder Schraube, Abstand ca. 333 mm

Wandelemente außen: Stahltrapezbleche. Wandelemente innen: Sandwichplatte (glatte Bleche mit ein-
gelegter Dämmung). Unterkonstruktion: Holzprofile
 1 Außenschale
 2 Edelstahlschraube mit Edelstahlscheibe und Dichtung oder Blindniete mit Füllstift; an Quer- und
   Längsüberdeckung muß immer geschraubt werden.
   Befestigung entsprechend statischen Erfordernissen, jedoch mind. jede 2. Sicke; am oberen und unteren Riegel und an Querüberdeckungen jede Sicke
 3 verzinkte Schraube oder Blindniete (ohne Füllstift).
   Befestigung an jedem Vertikalsteg
 4 Querüberdeckung
 5 verzinkte Holzschraube, Befestigung 2 Stücke je
   Einheit
 6 ebene Innenschale
 7 Hut-Profil aus verzinktem Stahlblech durchlaufen
   je Wandriegel
 8 Dämmplatte in Innenschale eingelegt
 9 Zahnleiste 1 Stück je Dämmplatte
10 Längsüberdeckung. Verbindung: Blindniete mit
   Füllstift oder Schraube, Abstand ca. 333 mm

Zweischalige Außenwände. Wandelemente außen und
innen: Stahltrapezbleche. Unterkonstruktion: Stahl-
profile
 1 Außenschale
 2 Edelstahl-Gewinde-Schneidschraube mit Edelstahl-
   scheide und Dichtung. Befestigung entsprechend
   statischen Erfordernissen, jedoch mind. jede
   2. Sicke; am oberen und unteren Riegel und an
   Querüberdeckungen jede Sicke
 3 Querüberdeckung
 4 Bitumenpapier
 5 Distanzleiste aus imprägniertem Holz 50 mm breit,
   in der Dicke der Dämmplatte
 6 Blindniete mit Füllstift, Befestigung nur an den
   Längsüberdeckungen
 7 Innenschale
 8 Dämmatte (mit Alu-Folie und Bitumenpapier
   kaschiert), max. Riegelabstand ca. 2500 mm
 9 Alu-Folie
10 Stützprofil
11 Längsüberdeckung. Verbindung: Blindniete mit
   Füllstift oder Schraube, Abstand ca. 333 mm

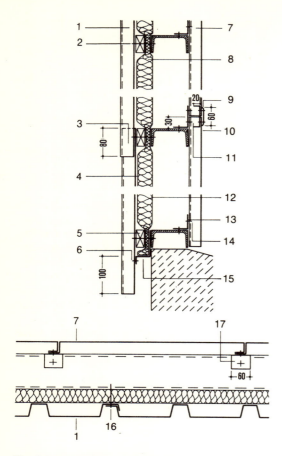

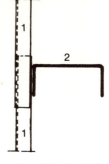

Überlappungsstoß von Wandverkleidungsblechen auf Wandriegel
1 Trapezprofil-Wand mit Überlappung
2 Unterkonstruktion

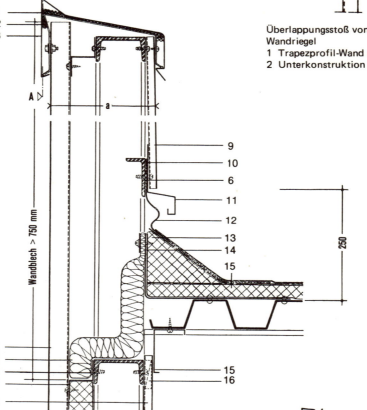

Wandelement außen: Stahltrapezbleche. Wandelement innen: ebene Blechtafel. Montagefolge: 1. Innenschale 2. Außenschale

1 Außenschale
2 Edelstahlschraube mit Edelstahlscheibe und Dichtung. Befestigung entsprechend statischen Erfordernissen, jedoch mind. jede 2. Sicke; am oberen und unteren Riegel und an Querüberdeckungen jede Sicke
3 Querüberdeckung
4 Bitumenpapier
5 Distanzleiste aus imprägniertem Holz 50 mm breit, in der Dicke der Dämmplatte
6 Blindniete mit Füllstift, Befestigung nur an den Längsüberdeckungen
7 ebene Innenschale
8 Dämmatte (mit Alu-Folie und Bitumenpapier kaschiert) max. Riegelabstand ca. 2500 mm
9 Deckleiste aus verz. Stahlblech 2500 mm lang, 1,0 mm dicke
10 Stoßlasche aus verz. Stahlblech, 480 mm lang, 1,0 mm dick
11 Querstoß, verzinkte Schraube oder Blindniete (ohne Flüüstift)
12 Alu-Folie
13 verz. Haltewinkel aus Stahlblech 40/60 (40/40) 60 mm lang, 1,5 mm dick
14 verzinkte Schraube oder Setzbolzen korrosionsgeschützt
15 Stützprofil
16 Längsüberdeckung. Verbindung: Blindniete mit Füllstift oder Schraube, Abstand ca. 333 mm
17 Haltewinkel, 1 Stück je Steg

Attika-Ausbildung bei einer zweischaligen wärmegedämmten Wand mit Übergang zur Warmdachkonstruktion
 1 Dichtungsband
 2 Klemmbock
 3 Abdeckprofil
 4 äußeres Wandblech
 5 Wärmedämmung
 6 Riegelprofil nach stat. Erfordernis
 7 Distanzprofil
 8 inneres Wandblech
 9 Wandblech
10 Klebefuge als Montagehilfe
11 Abtropfblech
12 elastische Abdeckbahn in die Dachhaut eingeklebt
13 Schaumkunststoff-Keil
14 Stützwinkel
15 unterer Abschlußwinkel
16 Füllkörper

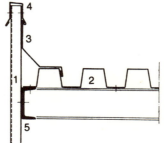

Attika-Ausbildung bei einschaliger ungedämmter Wand mit Übergang auf Kaltdach
1 Trapezprofil-Wand
2 Trapezprofil-Dach
3 Kehlblech
4 Attikakappe
5 Stahlkonstruktion

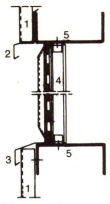

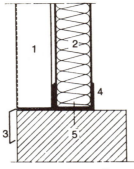

Fensteranschluß in einschaliger ungedämmter Wand
1 Trapezprofil-Wand
2 oberes Fensterabschlußblech
3 unteres Fensterabschlußblech
4 Verglasung
5 Unterkonstruktion

Sockelausbildung einer wärmegedämmten Wand
1 Trapezprofil-Wand
2 Dämmung
3 unteres Wandabschlußblech
4 U-Profil für Dämmung
5 Betonsockel

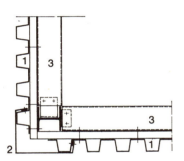

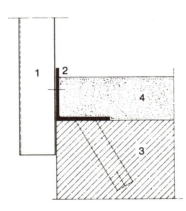

Eckausbildung bei einschaliger ungedämmter Wand, zwischen tragender Unterkonstruktion
1 Trapezprofil-Wand
2 Eckblech (einteilig)
3 Unterkonstruktion

Sockelausbildung einer ungedämmten Wand
1 Trapezprofil-Wand
2 Fußriegel
3 Betonsockel
4 Betonverguß

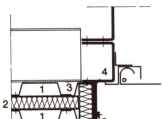

Anschluß eines Tores an eine zweischalige wärmegedämmte Wand
1 Trapezprofil-Wand
2 Dämmung
3 Toranschlußblech
4 Unterkonstruktion

fläche mit einer stumpfen, grauen Deckschicht. Diese Schicht, die aus basischem Zinkkarbonat besteht, ist selbstheilend und in Wasser unlöslich, haftet aber fest und bietet damit Schutz gegen alle Witterungseinflüsse, wobei aber die Art der Atmosphäre von Einfluß sein kann, z.B. Industrieabgase, Seeluft usw.
Zink wird wegen seiner hohen chemischen Beständigkeit als Schutz gegen mechanische Beanspruchungen und als Oberflächenschutz gegen Korrosion angewandt.

Schmelztauch-Metallüberzüge
Aufgeschmolzene metallische Schutzüberzüge sind — komplexer als Anstriche — gewöhnlich aus mehreren Schichten aufgebaut, die den Phasen der binären Systeme, den Überzugsmetall-Grundwerkstoffen, entsprechen. In Mischkristallen legiert sich das Überzugsmetall mit dem Grundwerkstoff, und so ergibt sich ein inniger Verbund. Die Schutzschichten sind porenfrei und meist beidseitig aufgetragen.
Schmelztauch-Metallüberzüge sind von Anbeginn preiswerte, auf die Dauer wirtschaftliche, langlebige und widerstandsfähige Schutzüberzüge.
Aufgeschmolzene metallische Schutzüberzüge gestatten eine fast unbegrenzte Verformung und in Grenzen das Löten, Hartlöten und Schweißen als Fügeverfahren.

Feuerverzinkung
Unter den Metall-Schmelztauchverfahren ist die Feuerverzinkung das wirksamste und verbreiteste Verfahren; sie allein beansprucht 95 % des Zinks, das für den Oberflächenschutz verbraucht wird. Eine solche Feuerverzinkung kann kontinuierlich oder stückweise durch Tauchen in verflüssigtes Zink aufgetragen werden. Walzerzeugnisse, wie Drähte, Rohre, Bleche und Bänder, werden meist sofort im Walzwerk in automatisierten Durchlaufbädern feuerverzinkt. Fertige Stahlkonstruktionen bis zu etwa 1,8 m Durchmesser und 35 m Länge oder Teile davon können in nahegelegenen Lohnverzinkereien stückweise in Bäder mit schmelzflüssigem Zink getaucht werden.
Die Schichtdicke bei kontinuierlich verzinktem Breitband beträge 15 bis 70 μ, bei dünnen Drähten erheblich weniger. Sie muß um so geringer sein, je höhere Anforderungen an ihre Verformbarkeit bei der Weiterverarbeitung oder im Betriebseinsatz gestellt werden. Trotz einer verhältnismäßig dünnen Zinkauflage erreichen aus solchen Walzerzeugnissen hergestellte Teile eine beachtliche Lebensdauer, besonders, wenn sie zusätzlich farbig lackiert oder mit Kunststoff überzogen werden. — Die Zinkschichtdicke bei

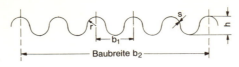

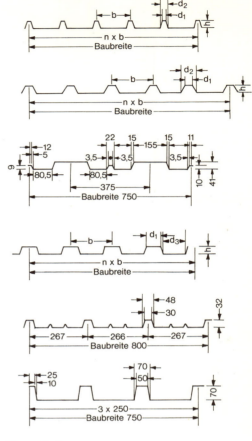

Trapezbleche

h mm	b_1 mm	r mm	b_2 mm	s mm	F cm²	W_x cm³	l m	G kg ≈	F m²	1,0	1,5	2,0	2,5	3,0	3,5	4,0
18	76	23	836	0,63	7,54	2,99	2,0 2,5	10	1,67	287	128	72	46	32	23	18
				0,75	8,98	3,57		12		343	152	86	55	38	28	21
				0,88	10,5	4,14		14		397	177	99	64	44	32	25
				1,00	11,9	4,71	2,0 2,5 3,0 3,5	16		452	201	113	72	50	37	28
				1,50	18,0	6,93		24		665	296	166	106	74	54	42
27	100	27	800	0,63	7,80	4,65	2,0 2,5	10	1,60	446	198	112	71	50	36	28
				0,75	9,37	5,53		12		531	236	133	85	59	43	33
				0,88	10,8	6,46		14		620	276	155	99	69	51	39
				1,00	12,5	7,35	2,0 2,5 3,0 3,5	16		706	314	176	113	78	58	44
				1,50	18,7	10,8		24		1040	461	259	166	115	85	65
30	135	45	810	0,63	7,72	4,97	2,0 2,5	10	1,62	477	212	119	76	53	39	30
				0,75	9,25	5,99		12		575	256	144	92	64	47	36
				0,88	10,9	7,00		14		672	299	168	108	75	55	42
				1,00	12,3	7,92	2,0 2,5 3,0 3,5	16		760	338	190	122	84	62	48
				1,50	18,5	11,7		24		1120	499	281	180	125	92	70
45	150	37	750	0,75	10,0	9,42	2,0 2,5	12	1,50	904	402	226	145	100	74	57
				0,88	11,7	11,1		14		1070	474	266	170	118	87	67
				1,00	13,3	12,7	2,0 2,5 3,0 3,5	16		1220	542	305	195	135	100	76
				1,50	20,0	18,6		24		1790	794	446	286	198	146	112
48	100	24	600	0,63	9,55	11,8	2,0 2,5	10	1,20	1130	503	283	181	126	92	71
				0,75	11,5	14,1		12		1350	602	338	217	150	110	85
				0,88	13,4	16,4		14		1570	700	394	252	175	129	98
				1,00	15,3	18,6	2,0 2,5 3,0 3,5	16		1790	794	446	286	198	146	112
				1,50	23,0	27,7		24		2660	1180	665	425	295	217	166

Maße | Für 1 m Breite | Tafellänge | Tafel von 2 m Länge | Zulässige gleichmäßige Belastung für gerades Wellblech in kg/m² bei einer Beanspruchung von 1200 kg/cm² und einer Freilänge von m

---

Teilen, die als Fertigerzeugnisse stückweise feuerverzinkt werden, beträgt 50 bis 100 μ. Derartig dicke Zinküberzüge machen auf viele Jahre hinaus jegliche Pflege entbehrlich, so daß Instandsetzungsarbeiten keine Verkehrsbehinderungen oder Betriebsausfälle mehr verursachen.

Emailliertes Blech
Emaille ist ein auf Stahlblech aufgeschmolzener, glasartiger Überzug. Dazu wird blei- und giftfreies Sonderglas in verschiedenen Farben verwandt. Als Einfärbung eignen sich Metalloxyde. Das Rohmaterial wird in Wasser abgeschreckt und dann in Trommelmühlen gemahlen. Das Emaillieren erfolgt durch Eintauchen oder Aufspritzen.
Nach der Grundemailleschicht folgen ein bis zwei Deckschichten.
Zwischen Email und Stahl besteht eine Verbindung besonderer Art. Der Kohlenstoffgehalt, die Legierungsbestandteile und das Gefüge des

Stahles haben Einfluß auf Emailliervorgang und Emailliereignung.
Die Schichtdicken der technischen Emaillierungen betragen:
0,10 bis 0,15 mm bei direkter Einschichtemaillierung
0,20 bis 0,30 mm bei konventioneller Zweischichtemaillierung mit Grund- und Deckemail
1,00 bis 1,70 mm bei Gußemaillierung nach Puderverfahren.

Bei der Stahlblech-Emaillierung wächst die mechanische Beständigkeit mit abnehmender Schichtdicke. Bei der Gußemaillierung ist die Beständigkeit nicht von der Schichtdicke abhängig; jede kurzzeitige Verformung führt zu einem Bruch im Email.
Biegesteife Platten entstehen dadurch, daß die Ecken abgekantet werden oder das Element auf einen Rahmen aufgezogen wird. Dabei ist die einwandfreie Wasserableitung durch Wasserschenkel oder Spezialprofile notwendig.

Kunststoffbeschichtetes Stahlblech
Bandbeschichtung oder „coil coating" heißt das Auftragen organischer Schutzschichten auf Metallband, besonders auf kaltgewalztes, unverzinktes oder verzinktes Stahlband, in einer kontinuierlich arbeitenden Durchlaufanlage. Bei den Kunststoffen handelt es sich um einen Flüssigkeitsauftrag mit hitzehärtenden Duroplasten bzw. Thermoplasten oder um Folien.
Bei der Beschichtung wird auf Tafelblech oder Bandblech vom Coil sofort im Walzwerk eine Kunststoffpaste aufgewalzt (Plastisol-Beschichtung) oder mit einem Kleber als Kontaktschicht eine Kunststoffolie aufgezogen (Folien-Kaschierung). Bei beiden Verfahren schließt sich eine Trocknung in Durchlauföfen an.
Als Stoffe für die Schutzüberzüge verwendet man pastöse Kunststoffe, „Plastisole" und „Organosole" aus Polyvinylchlorid oder Polyäthylen, Folien aus Polyvinylfluorid sowie Alkydharzlacke, Acrylharzlacke und Vinylharzlacke — Polyvinylfluorid ist teurer, aber gegen Licht

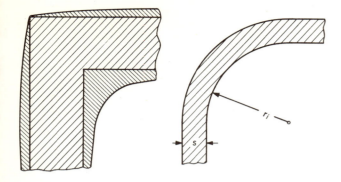

Konstruktionsdetails für emailliergerechtes Konstruieren von Teilen aus Tahlblech; Gestaltung der Kanten und Ecken

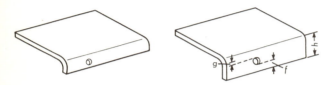

Gerundete Bördelform

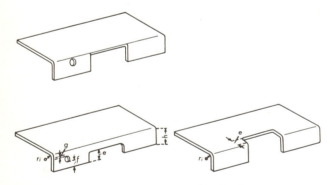

Mindestabstände e von Ausklinkungen, Mindestabstände f und g von Löchern in der Randzarge

Schlitz-Anordnung

Versteifung des Randes

Randhöhen h und Randabstände f und g für Löcher am Rande von Blechen

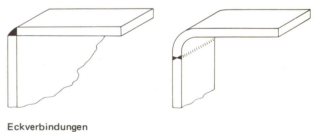

Eckverbindungen

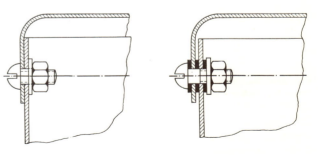

Schraubverbindung emaillierter Teile miteinander

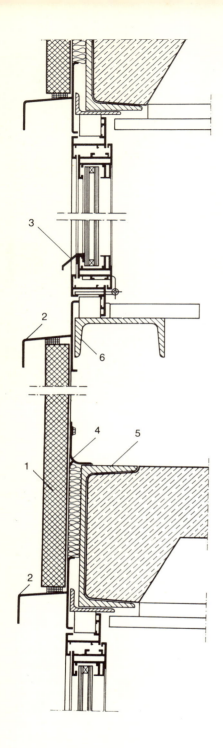

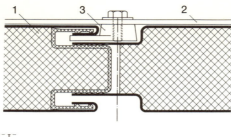

Links: Horizontalschnitt
1 Fertigwandelement
2 Befestigungsschiene, L- oder Z-Profil
3 Klemmbolzen

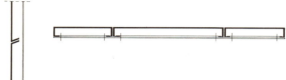

Salm-Elemente. Volksschule in Dortmund-Rahn.
Arch. Prof. Kraemer, Braunschweig

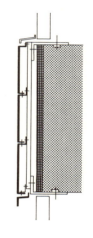

Adler-Versicherungen, Berlin-Charlottenburg. Arch.
Hönow und Koch, Berlin

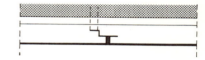

Physikalische Institute der Justus-Liebig-Universität
Gießen. Arch. Staatliches Universitätsbauamt Gießen

Kosmetik-Werk bei München. Architektengemein-
schaft Dr. Wichtendahl und Roemmich, München
1 Fertigwandelement
2 Anschlußprofil (Aluminium)
3 Aluminiumfenster
4 Befestigungsschiene
5 Unterkonstruktion, Deckenrahmen
6 Unterkonstruktion, Brüstungsrahmen

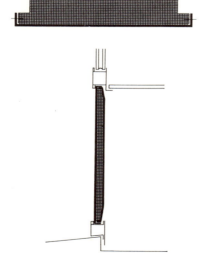

Krankenhaus in Halle/Westf. Arch. Dr. G. und H.
Lippsmeier

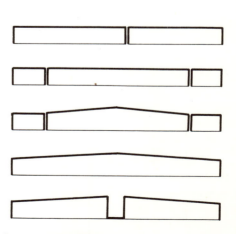

Verformungsmöglichkeiten

einwirkung und Staubbefall unempfindlicher als andere Kunststoffe, die sich elektrostatisch aufladen können.

Die Schichtdicken betragen bei Lackierungen 20 bis 30 μ, bei Plastisol-Beschichtungen 60 bis 400 μ und bei Folien-Kaschierungen 100 bis 300 μ. Bei Objekten mit hoher Beanspruchung geht der Kunststoff-Beschichtung oder -Foliierung stets eine Verzinkung voraus.

Durch elektrostatischen Pulversprühauftrag können Rechteck-Hohlprofile, Rundrohre und Behälter sowie Stahlfertigteile aller Art einen Kunststoffüberzug erhalten. Das rieselfähige Kunststoffpulver wird durch einen Luftstrom ohne oder mit geringem Druck von einem Vorratsbehälter über Schläuche oder Lanzen zu Sprühkegeln oder Düsen befördert, beim Austritt verwirbelt und auf der Stahloberfläche niedergeschlagen. Oft wird zwischen Düse und Gegenstand zusätzlich ein elektrostatisches Feld aufgebaut, um Spritzverluste zu vermindern und eine gleichmäßige Schichtdicke zu erzielen. Abschließend wird das Pulver etwa 20 Min! bei 140 bis 250° C in Öfen aufgeschmolzen.

Als Stoffe für diese Schutzüberzüge verwendet man Epoxiharze, Acetobutyrat, Polyamide, Polyvinylchlorid, Polyäthylen, Polypropylen, Polyäther, Polyester usw.

Die Bandbeschichtung erfolgt häufig durch einen PVC-Überzug. Bei der ISO-Wand z.B. werden zwei feuerverzinkte, kunststoffbeschichtete Stahlbänder auf einer Fertigungsanlage profiliert und in verschiedenen Wanddicken miteinander verschäumt. Sie bilden dann mit dem Kunststoffhartschaum eine feste Sandwicheinheit.

Gästehaus der Humboldtstiftung, Bad Godesberg. Arch. Prof. Schneider-Wessling, Köln

6.2 Rostfreie und wetterfeste Bleche, Cor-Ten

Eine Gruppe von Spezialstählen kann durch Nickel- und Chromzusätze rostfrei gemacht werden. Sie eignen sich gut für Fassadenelemente. Die Anwendung erfolgt als Vielflächer (Coils). Die Tafeln werden bis 5,00 m Länge geliefert. Kaltgewalzte Profilbänder werden auf 6,00 m Länge geschnitten.

Es gibt biegesteife planebene und gefaltete Tafeln. Sie sind nur in einer Richtung biegesteif. Eine Unterkonstruktion ist erforderlich. Über Schrauben oder Nutenhalterungen wird die Festigkeit erzielt.

Eine horizontale Profilierung führt leicht zur Schmutzablagerung. Zur Vermeidung aufwendiger Reinigungen werden deshalb Bausysteme angewandt, die das Regenwasser nicht über die Stirnflächen der Profile abfließen lassen.

Detail

Plastische oder räumliche Tafelelemente, z.B. konvexe oder konkave Polyeder werden gepreßt oder gezogen.

Geschliffene Oberflächen wirken durch ihre optische Gleichmäßigkeit. Daher werden Bleche mit dieser Oberfläche bevorzugt verwendet. Durch Bürste kann die Oberfläche seidenmatt bis hochglanzpoliert werden.

Wetterfeste Baustähle sind niedriglegierte Stahlsorten, die ohne Korrosionsschutz verwendet werden können, da sie an der Atmosphäre eine beständige Rostschicht bilden. Die geringen Legierungsgehalte von ca. 0,5 % Kupfer, ca. 0,8 % Chrom, ca. 0,5 % Nickel und gegebenenfalls ca. 0,1 % Phosphor sind die Grundlage dieser Beständigkeit gegen Witterungseinflüsse.

Cor-Ten-Stahl ist in vielen natürlichen Klimaverhältnissen wetterfest, wenn er ungeschützt angewandt wird. Unter Witterungseinflüssen verändert sich die Oberfläche in der Weise, daß sie eine dichte, glatte, feste und festhaftende Deckschicht bildet, die ein weiteres Rosten verhindert und somit den Korrosionsvorgang zum Stillstand bringt. Die erdbraune, violette Färbung der Oberfläche ist vielfach auch in architektonischer Sicht von besonderem Reiz.

Voraussetzungen zur Anwendung: Die Atmosphäre darf keine die Deckschicht beeinträchtigenden Stoffe enthalten. Alle Bauteile müssen zugängig sein.

Die Oberflächen müssen dem natürlichen Witterungswechsel ständig ausgesetzt sein. Unter bestimmten Bedingungen tritt die Schutzwirkung der Deckschicht nicht ein, z.B. in unmittelbarer Meeresnähe (in Entfernungen unter 1 km von der Küste), in salzhaltigen Gewässern, bei ununterbrochener Befeuchtung oder bei Vorhandensein bestimmter Chemikalien (z.B. Chloride) in der Luft.

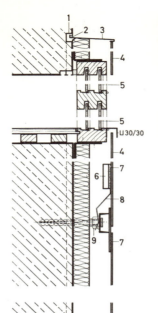

Messehaus Hannover. Arch. Boventer, Kettwig. Edelstahl-Elemente

Gästehaus der Humboldtstiftung, Bad Godesberg. Arch. Prof. Schneider-Wessling, Köln

1 Halfenschiene
2 Dichtung
3 Zinkblech
4 Chromnickelstahl 0,5 mm auf 6 mm Eternit
5 rahmenloses Schiebefenster, System Pierson
6 Eternitklotz
7 Verklebung
8 Klemmfeder aus V2A-Stahl
9 Justierschraube
10 Laufröhrenwerk
11 Schiebetür, Thermopane
12 untere Führungsschiene
13 Holzlattenrost auf dem Balkon
14 Heizungsabdeckung
15 Estrich
16 vorgefertigtes Balkonelement, Beton
17 Beleuchtungsabdeckung
18 Isoliertapete
19 Stahlrohr ⌀ 110 mm, mit 30 mm Isolierung
20 Festverglasung
21 Balkonbrüstung
22 Gummipuffer
23 Kistenverschluß

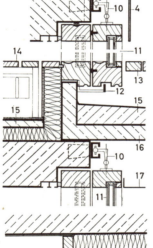

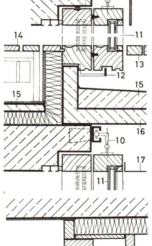

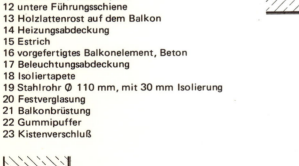

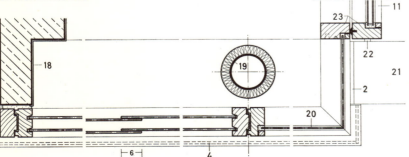

General Motors, Detroit. Hochwasserbehälter

Berufsbildungszentrum HOA. COR-TEN-Fassade.
Ausführung Fa. Klönne

August Thyssen-Hütte AG, Duisburg. Wetterfeste
Stahlverkleidung

Nickelelemente. Gateway

Gefaltete Edelstahl-Elemente

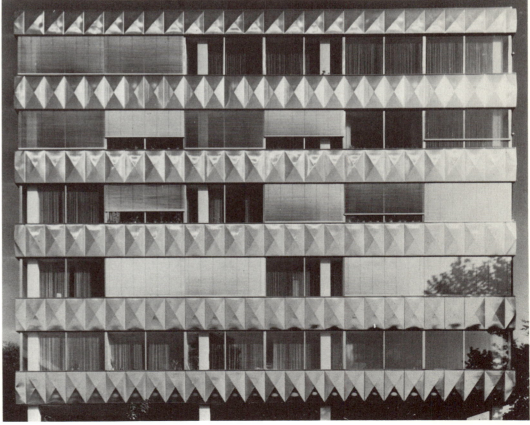

Verkleidung mit HOAG-Stählen

Bauvorhaben Hettlage & Lampe, Kiel. Vorhangfassade. Arch. Beckmann

Fassadenplatten. Edelstahl-rostfrei-Profil GmbH

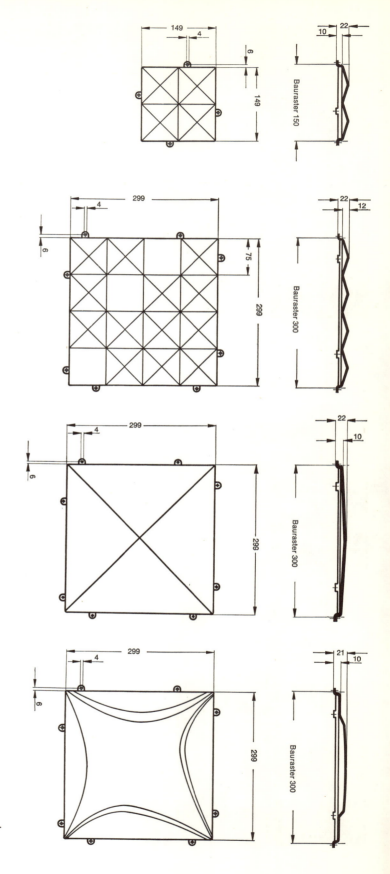

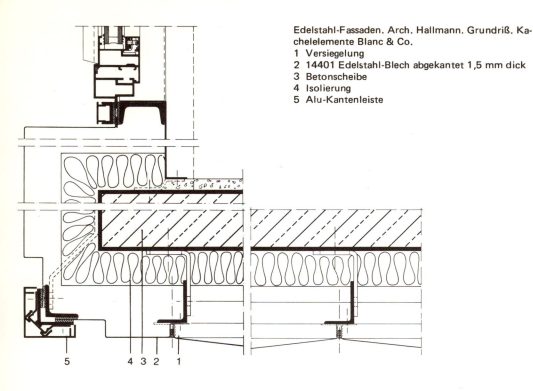

Edelstahl-Fassaden. Arch. Hallmann. Grundriß. Kachelelemente Blanc & Co.
1 Versiegelung
2 14401 Edelstahl-Blech abgekantet 1,5 mm dick
3 Betonscheibe
4 Isolierung
5 Alu-Kantenleiste

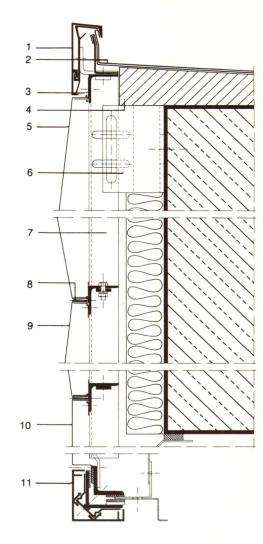

Rechts: Schnitt
1 Alu-Abdeckleiste
2 Zinkblech
3 14301 Edelstahl-Blech 1,0 mm dick
4 Holzbohle
5 14401 Edelstahl-Kachel 1,5 mm dick, Größe 618 x 839 mm
6 Winkeleisenhalterung, feuerverzinkt
7 Rahmenunterkonstruktion, feuerverzinkt
8 Neoprene-Dichtung oder vertieftliegende Versiegelung
9 14401 Edelstahl-Kachel 1,5 mm dick, Größe 618 x 839 mm
10 14401 Edelstahl-Blech abgekantet
11 Alu-Abschluß-Profil

Unten: Edelstahl-Fassade. Arch. Loy und Wernitz, Verarbeiter Stahlbau Kaiser
1 14301 Edelstahl-Z Profil 40/35/20/4
2 Isolierung
3 Beton
4 Putz
5 Halfeneisen verzinkt
6 durchlaufendes Stahlblech verzinkt
7 3 m Band
8 Serienprofil System Kaether
9 Weich-PVC-Schnur
10 Glasleiste
11 Versiegelung
12 14301 Edelstahl-Klammer
13 14401 Edelstahl-Profil 1,25 mm
14 14401 Edelstahl-Eckprofil 1,5 mm
15 Kittbett
16 Isolierglas
17 14301 Edelstahl-Flach 30/4
14301 Edelstahl-Winkel 50/25/3
19 Stahlblechbekleidung

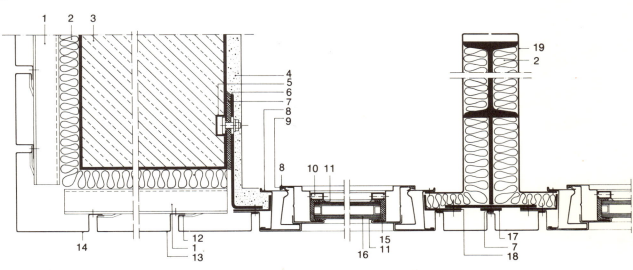

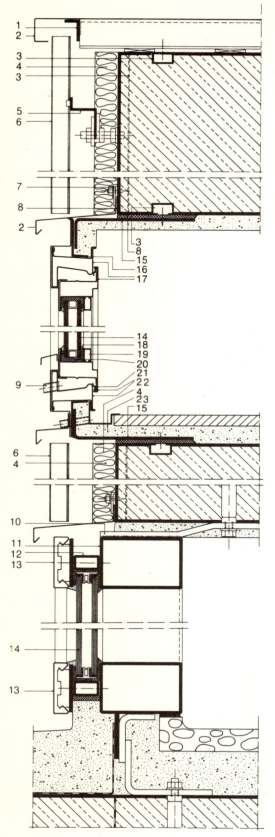

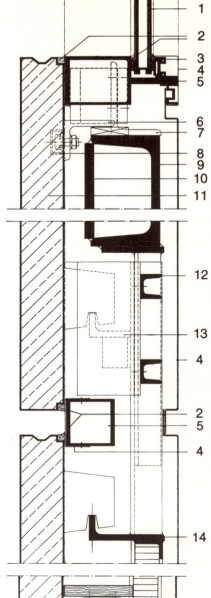

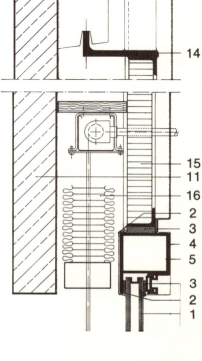

Links: Edelstahl-Fassade
1 14301 Edelstahl-Winkel 30/20/3
2 14401 Edelstahl-Blech abgekantet
3 Halfeneisen
4 Isolierung
5 14301 Edelstahl-Z Profil 40/35/20/4
6 14401 Edelstahl-Profil 1,25 mm
7 Klemmwinkel
8 3 m Band
9 Schwitzwasserauslaß
10 Lasche angeschweißt
11 Vierkantrohr 70/110/4
12 Vierkantrohr 38/20/3
13 14401 Edelstahl-Profil W 7215
14 Isolierglas
15 durchlaufendes Stahlblech verzinkt
16 14301 Edelstahl-Winkel 50/25/3
17 Serienprofil System Kaether
18 Versiegelung
19 Glasleiste
20 Kittbett
21 Weich-PVC-Schnur
22 Stahl-Rostfrei-Fenster
23 Putz

Rechts: Klöckner-Humboldt-Deutz AG. Arch. Prof. Hentrich, Petschnigg, Stutz. Ausführung Gebr. Wahlefeld, Krefeld-Linn
1 Verglasung
2 Versiegelung
3 Neoprene-Profil
4 18/8 Blech abgekantet
5 Aluminium-Unterkonstruktion
6 L 80/65/10
7 Stützwinkel L 180/80/10
8 Ankerschiene
9 U 400
10 Aussteifung
11 Betonwerksteinplatten mit Carrara-Kieseln
12 U 40
13 Stützanker aus L 65/5/9
14 Stützanker für Betonwerksteinplatten aus L 120/80/10
15 Foamglas
16 Jalousette

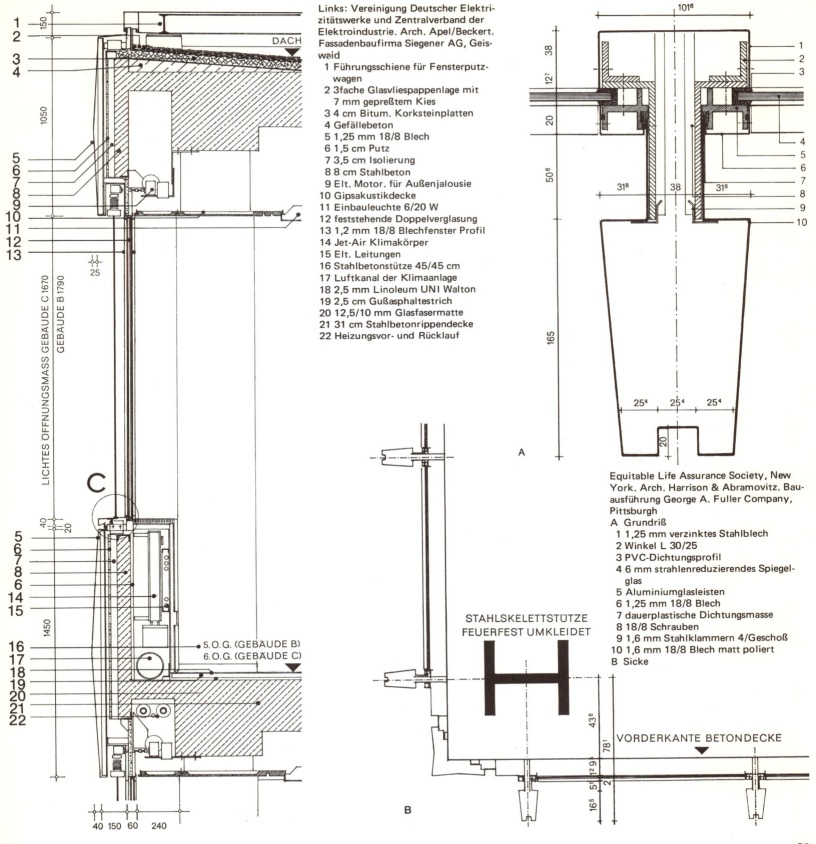

Links: Vereinigung Deutscher Elektrizitätswerke und Zentralverband der Elektroindustrie. Arch. Apel/Beckert. Fassadenbaufirma Siegener AG, Geiswaid

1 Führungsschiene für Fensterputzwagen
2 3fache Glasvliespappenlage mit 7 mm gepreßtem Kies
3 4 cm Bitum. Korksteinplatten
4 Gefällebeton
5 1,25 mm 18/8 Blech
6 1,5 cm Putz
7 3,5 cm Isolierung
8 8 cm Stahlbeton
9 Elt. Motor. für Außenjalousie
10 Gipsakustikdecke
11 Einbauleuchte 6/20 W
12 feststehende Doppelverglasung
13 1,2 mm 18/8 Blechfenster Profil
14 Jet-Air Klimakörper
15 Elt. Leitungen
16 Stahlbetonstütze 45/45 cm
17 Luftkanal der Klimaanlage
18 2,5 mm Linoleum UNI Walton
19 2,5 cm Gußasphaltestrich
20 12,5/10 mm Glasfasermatte
21 31 cm Stahlbetonrippendecke
22 Heizungsvor- und Rücklauf

LICHTES ÖFFNUNGSMASS GEBÄUDE C 1670
GEBÄUDE B 1790

DACH ▼

5.O.G. (GEBÄUDE B)
6.O.G. (GEBÄUDE C) ▼

STAHLSKELETTSTÜTZE FEUERFEST UMKLEIDET

VORDERKANTE BETONDECKE ▼

Equitable Life Assurance Society, New York. Arch. Harrison & Abramovitz. Bauausführung George A. Fuller Company, Pittsburgh

A Grundriß
1 1,25 mm verzinktes Stahlblech
2 Winkel L 30/25
3 PVC-Dichtungsprofil
4 6 mm strahlenreduzierendes Spiegelglas
5 Aluminiumglasleisten
6 1,25 mm 18/8 Blech
7 dauerplastische Dichtungsmasse
8 18/8 Schrauben
9 1,6 mm Stahlklammern 4/Geschoß
10 1,6 mm 18/8 Blech matt poliert
B Sicke

A

B

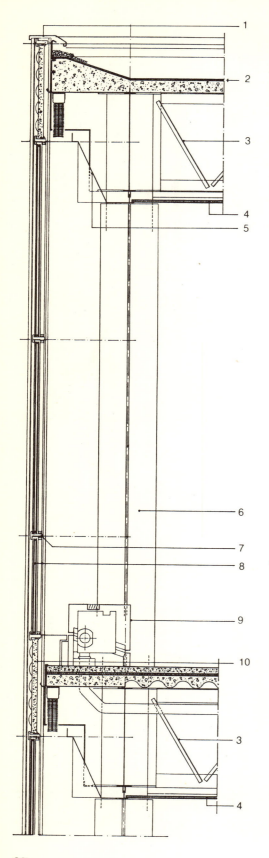

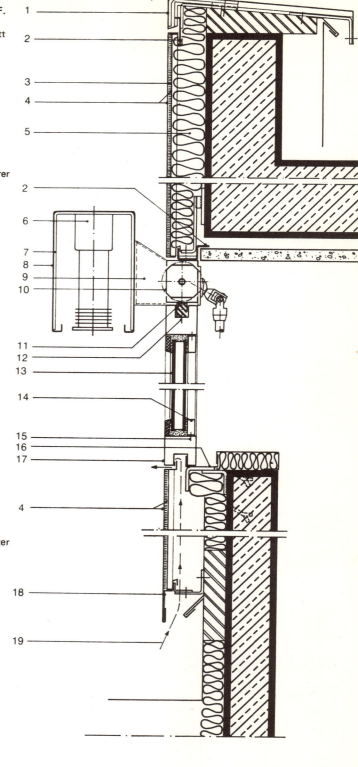

Links: Höhere Technische Lehranstalt Brugg/Schweiz. Arch. B. und F. Haller. Fassadenbau Diehl & Co., Neuenhof bei Baden. Vertikalschnitt 1:25

1 18/8 Abdeckblech
2 Pappen auf Gasbetonplatten
3 Fachwerkträger
4 abgehängte Decke
5 Blechverkleidung
6 Stahl-Tragstütze mit Stahlblechverkleidung
7 18/8 Horizontalsprosse
8 Isolierverglasung
9 Verkleidung Klimagerät
10 18/8 Brüstungselement mit innerer Isolierung

Rechts: Edelstahl-Fassade. Arch. Suter + Suter. Ausführung Walter Franke AG, Aarburg. Vertikalschnitt 1:5

1 18/8 Dachkronenprofil mit Befestigungsdübel und Schrauben
2 18/8 Halteprofil
3 Aluminiumwabe
4 18/8 Brüstungsblech
5 Mineralwolle-Isolierung
6 Lamellenstoren
7 18/8 Storenkastenbügel
8 18/8 Storenkasten
9 18/8 Storenkastenkonsole
10 18/8 Pannenlüfter, 18/8 Pannenlüfter-Rahmen
11 18/8 Führungsprofil
12 18/8 Blechschraube
13 Thermopane-Isolierverglasung
14 18/8 Kittfalzleiste
15 18/8 Klemmknopf
16 18/8 Schwitzwasserrinne
17 18/8 Rahmenprofil
18 18/8 Abschlußwinkel
19 Luftzirkulation

6.3 Aluminiumplatten und Aluminiumguß
Gefaltete, ebene Elemente, Profilbänder, Kassetten

Aus Aluminium werden im Strang-Preß-Verfahren Profile für Bekleidungen hergestellt.
Aluminium ist im Reinzustand sehr weich, kann aber durch Legierungen und Vergüten nach dem Preßvorgang auf hohe Festigkeiten gebracht werden. Für tragende Fassaden-Elemente wird meist die Legierung AlMg Si verwendet.
Durch Vergüten nach dem Preßvorgang werden Festigkeiten bis 32 kg/qmm bei einer zulässigen Beanspruchung von 1500 kg/qcm erreicht. Die gepreßten Profile lassen sich in der Werkstatt durch Schneiden, Fräsen, Bohren, Schweißen usw. verarbeiten. Aluminium ist gegen Witterungseinflüsse beständig. Durch Ansatz einer natürlichen Oxyd-Schicht wird die Korrosion verhindert. Dabei werden die Aluminiumoberflächen elektrolytisch oxydiert.
Je nach dem Einsatzgebiet und Luftatmosphäre beträgt die Schichtstärke 15—22 μ.

Gefaltete ebene Elemente
Das Falten erfolgt durch Maschinenaggregate, welche je nach den Erfordernissen diesen Arbeitsgang über Rollen oder durch Stanzvorgang bewirken. Es gibt Rollenziehbänke, Excenter- und Abkantpressen sowie Walzenpressen.

Ev. Konsistorium Berlin. Arch. Müller und Heinrichs

Aluminium-Fassade. ALU Walzwerke Singen

Detail der Fassade

Bürogebäude in Wiesbaden. Arch. Gehrmann Consult GmbH + Partner KG. Ausführung Fa. Kalinna

Detail der Fassade

Alcoa-Hochhaus in Pittsburgh/USA

Industriehalle. Arch. Weber. Aluminium-Panel-Elemente vor verzinkter Stahlkonstruktion. Ausführung Fa. Kalinna

Casino-Interatom, Bensberg

Profilbänder

Profilbänder kommen für Wandverkleidungen großer Flächen infrage. Sie werden nach dem Druckknopfprinzip befestigt.

Kassetten

Kassetten werden mit besonderen Werkzeugen in Pressen aus Blech gedrückt; je nach Größe der Kassetten beträgt die Blechdicke 1,5–2,0 mm. Für jede Kassettenform ist ein besonderes Werkzeug nötig, dessen Anfertigung verhältnismäßig teuer ist, so daß sich neue Kassettenformen nur bei einer größeren Anzahl von Kassetten lohnen. Die Oberfläche wird in den meisten Fällen im Naturton anodisch oxydiert (eloxiert).

Kupferblech

Kupferblech eignet sich zum Bekleiden schwer zugängiger Stellen, bei denen es darauf ankommt, die Bauunterhaltung zu reduzieren. Die Oberfläche kann künstlich patiniert werden. Die Anwendung für Wandverkleidungen erfolgt in

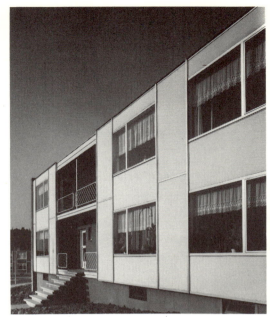

Bausystem Vasco Niederlande. Arch. Prof. Peutz

Gebäudeecke, Arch. Groethuysen, Schreiber und Sachsse

Allianzverwaltung, Hamburg. Arch. Prof. Hermkes

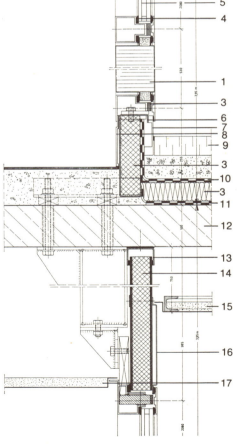

Verwaltungsgebäude der Allianz-Versicherung, Hamburg. Arch. Prof. Hermkes, Stössner.
Schnitt 1:10

1 Gartner-Panel aus Aluminium
2 Stahlkern
3 Isolierung
4 Neoprene
5 Isolierglas
6 Stahlzarge
7 Abdeckprofil aus Aluminium
8 Fußleiste aus Aluminium
9 Balkonbelag
10 Dachhaut
11 Dampfsperre
12 Betonplatte
13 Deckenzarge
14 Eternit-Foamglas-Element
15 Balkonuntersicht
16 Aluminium-Verkleidung
17 Abgehängte Decke

Rathaus Offenbach. Fassade Fa. J. Gartner

Platten- oder Bandform. Bei Vorsprüngen ist wegen grünlicher Verfärbung Vorsicht geboten.

Vorschriften

DIN	Titel
1751	Bleche und Blechstreifen aus Kupfer und Kupfer-Knetlegierungen, kaltgewalzt, Maße
1791	Bänder und Bandstreifen aus Kupfer und Kupfer-Knetlegierungen, kaltgewalzt, Maße
17670	Bleche und Bänder aus Kupfer und Kupfer-Knetlegierungen; Bl. 1 Festigkeitseigenschaften; Bl. 2 Technische Lieferbedingungen

Kontakt-Korrosion

Wenn zwei verschiedene Metalle bei gleichzeitigem Zutritt von Feuchtigkeit Kontakt bekommen, entsteht ein Lokalelement, wobei das elektronegative Metall angegriffen wird. Aluminium kann mit Zink und Kadmium wie auch mit feuerverzinktem, kadmiertem oder inchromiertem Stahl direkt zusammengebaut werden. Dagegen ist bei Aluminium ein direkter Kontakt mit blankem Stahl, Kupfer, Messung, Bronze, Zinn oder Blei schädlich. Ist ein Zusammenbau dieser Werkstoffe mit Aluminium nicht zu umgehen, so muß eine Isolierung eingebaut werden. Diese kann durch Zwischenlage von Bitumenpappe oder Kunststoff erfolgen. Außerdem sind bleifreie Anstriche mit Ölfarbe, Zinkchromat, Aluminiumbronze oder auf Bitumenbasis geeigneter. Mennige-Anstriche sind zu vermeiden.

Kontakt von Aluminium mit Holz, Papier etc. Holz kann in frischem Zustand angreifend wirken; das gleiche gilt für einige Holztränkungsmittel, z.B. Sublimat, Kupfervitriol, Zinksilicofluorid. Ein Anstrich des Holzes an der Berührungsfläche ist zu empfehlen; Holzfaserplatten sind ebenfalls zu isolieren.
Papier und Pappe nehmen Feuchtigkeit auf. Wasserglasverklebte Wellpappe kann freies Alkali abgeben. Bei Berührung mit Aluminium soll, wenn Feuchtigkeit zu erwarten ist, Wachs- oder Ölpapier bzw. bitumierte Pappe verwendet werden.

J. Gartner-Fassade. Arch. Zuleger

Bosch Hochhaus, Gerlingen

Kunststoffe verhalten sich chemisch neutral und eignen sich in Form von festen Beilagen bzw. von Kunstharzlacken gut zur Isolierung von Aluminium.
Wärmeisolierungen wie Schlackenwolle können alkalische oder saure Bestandteile enthalten, die Aluminium angreifen. Die übrigen Isoliermaterialien sind unbedenklich. Da sie aber Feuchtigkeit aufnehmen, wird in allen Fällen ein isolierender Anstrich des Aluminiumteils an den Berührungsflächen zweckmäßig sein.

Kontakt von Aluminium mit Zement, Kalk, Gips
Gips greift Aluminium unter normalen Umständen nicht an. Frischer Beton und Mörtel, die Zement und Kalk enthalten, sind alkalisch. Sie greifen daher auch eloxierte Aluminium-Teile an, was Flecken oder sogar Korrosion hervorrufen kann. Wenn Aluminium mit Beton oder Kalk in Berührung kommt, ist es durch einen Bitumenanstrich zu schützen. Sichtbare blanke oder eloxierte Aluminium-Oberflächen werden gegen Kalk- oder Mörtelspritzer durch einen

Wandverkleidungen aus Aluminium. Profilierte Bleche und Bänder, Formbleche und Lamellen:

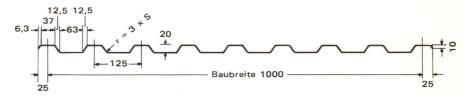

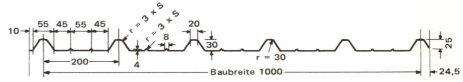

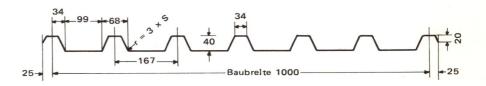

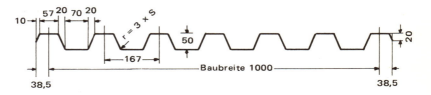

Alcan Aluminiumwerke GmbH

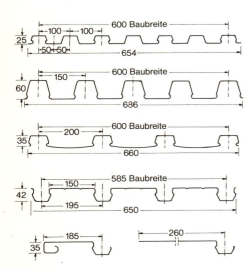

Aluminium-Bauprofile

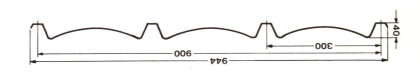

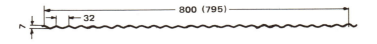

Gränges Essem GmbH

Vollisolierte Aluminium Panels

Kaiser-Preussag Aluminiumwerke GmbH

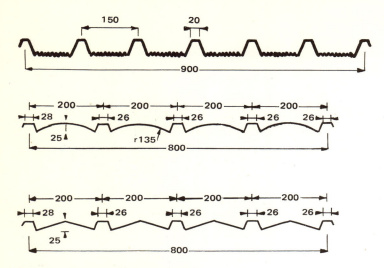

Pechiney Aluminium-Halbzeug GmbH

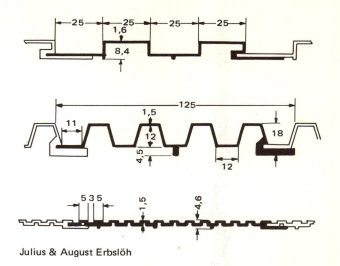

Julius & August Erbslöh

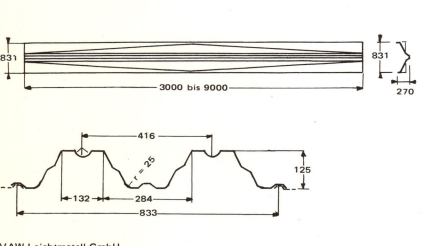

VAW Leichtmetall GmbH

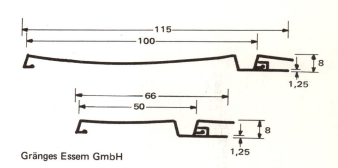

Gränges Essem GmbH

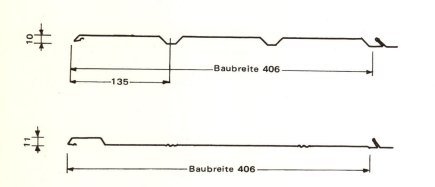

Vertriebsgesellschaft für Fassaden- und Dach-Elemente mbH

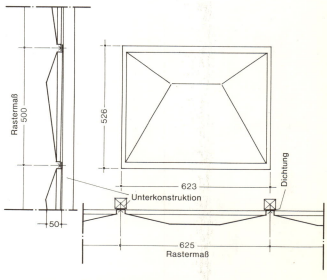

Aluminium-Kassetten, System R & M

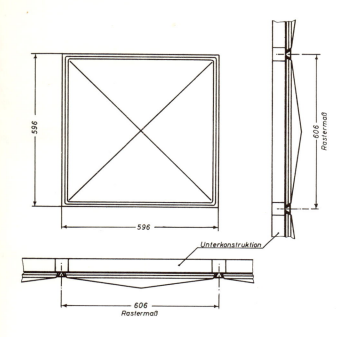

Unterkonstruktion

596 · 596 · 606 Rastermaß · 606 Rastermaß

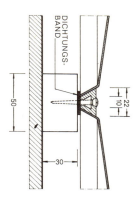

Befestigung der Kassetten

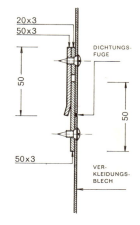

Horizontaler Stoß der Pfeilerverkleidung

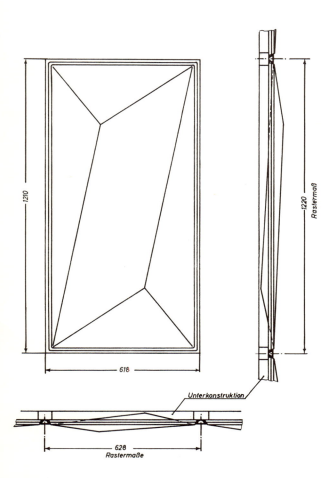

Aluminium-Kassetten, System R & M

rarblosen Lackanstrich geschützt oder während der Bauzeit mit einem Abziehlack versehen.

Guß-Bauelemente

Schwere Gußplatten aus Aluminium sind Bauelemente mit einer natürlichen Gußhaut. Sie gewähren guten Korrosionsschutz und verlangen keinerlei Pflege. Die Ausführung erfolgt in Herdguß (offenes Gießverfahren) oder Formguß (geschlossenes Gießverfahren).

Beim Herdguß wird das flüssige Metall in eine offene Bandform gegossen. Die Sichtfläche der Gußplatte erstarrt an der natürlichen Atmosphäre und bildet Oberflächenstrukturen mit künstlerischem Gepräge. Die Struktur wird in ihrer Grundform durch die Wahl der Gußlegierung und durch die handwerkliche Behandlung des einfließenden Metalls beeinflußt.

Die Herstellung von Formgußplatten ist komplizierter und kostenaufwendiger als die von Herdgußplatten. Grundsätzlich werden immer Holz-, Gips- oder Kunststoffmodelle benötigt. Genau wie Industriegußteile werden die Platten in geschlossene Sandformen gegossen. Das flüssige Metall füllt den entstandenen Hohlraum und bildet die vom Künstler im Modell festgelegte Oberflächenstruktur. Die gewählte Gußlegierung beeinflußt hier lediglich das optische Bild der Gußhaut.

Formate: Herdguß bis max. 3500 x 2000 mm
Formguß bis max. 1800 x 1500 mm

Plattendicke:
von 8—12 mm, je nach Format

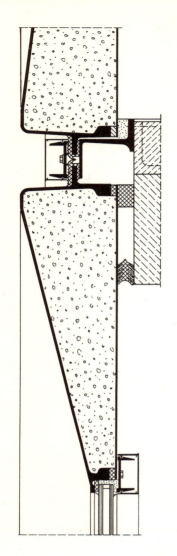

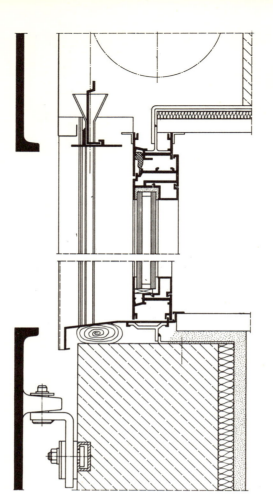

Herder-Verlag, Freiburg/Breisgau. Arch. Dr. Kasper.
Verankerung der Gußplatten in der Massivbrüstung

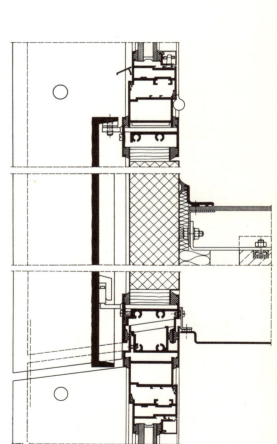

1

2

Bayerische Vereinsbank Filiale Würzburg. Arch. Neumann
1 Horizontalschnitt, links Fenster, rechts Brüstung, geteilter Hauptpfosten zur Aufnahme von Horizontalbewegungen
2 Vertikalschnitt

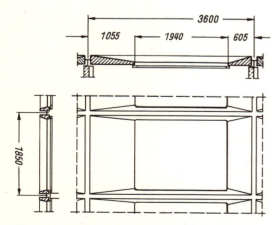

Bürogebäude des Zweiten Deutschen Fernsehens, München-Unterföhring. Arch. Hammer. Oben: Vertikalschnitt

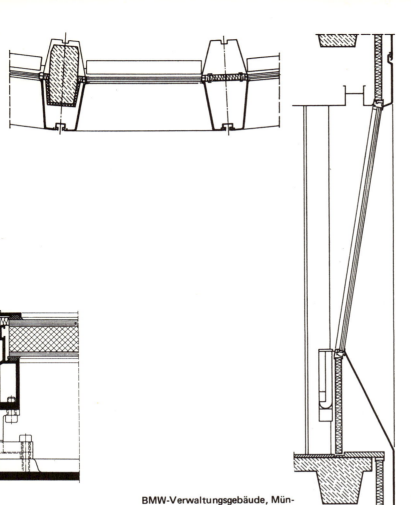

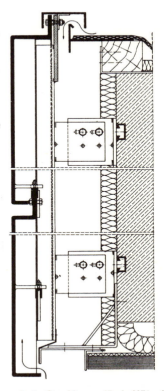

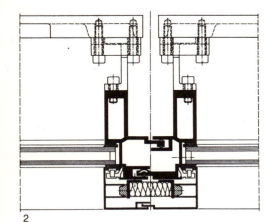

BMW-Verwaltungsgebäude, München. Arch. Prof. Schwanzer. Ausführung Götz KG Metallbau, Deggendorf

Haupteingangshalle Ost, Messegelände Köln. Entwurf: Weiß und Tump, Hochbauamt. Vertikalschnitt durch die Gußplattenverkleidung einschließlich Unterkonstruktion und Befestigung auf dem Rohbaukörper

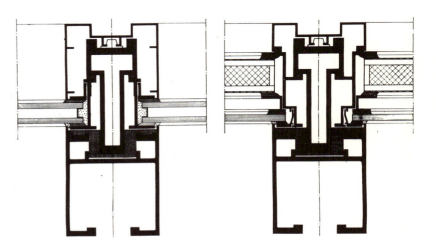

Hauptverwaltung der Württ. Landessparkasse in Stuttgart, Arch. Prof. Schweizer
1 Horizontalschnitt durch den Hauptpfosten im Brüstungsbereich mit Verankerung der Gußplatten
2 Horizontalschnitt durch den Hauptpfosten im Fensterbereich, Pfosten geteilt zur Aufnahme waagerechter Bewegungen

IDUNA-Hochhaus Millerntor, Hamburg. Arch. Fischer. Ausführung Paul Steinau, Neheim-Hüsten. Horizontalschnitt durch den Pfosten, links: im Verglasungsbereich, rechts: im Brüstungsbereich

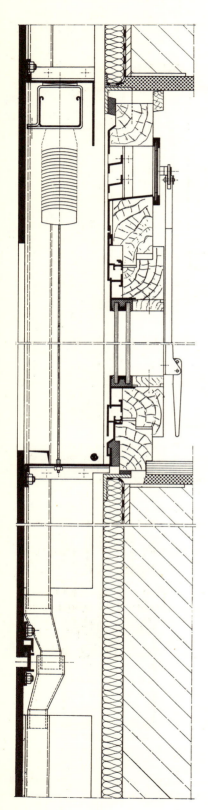

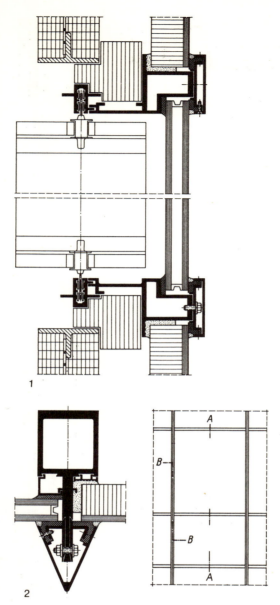

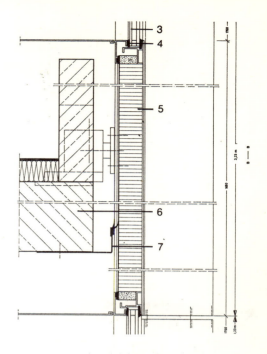

1

2

Raiffeisen- und Volksbanken-Versicherung, Wiesbaden.
Arch. Ernst, Fischer, Krüder, Rathai. Schnitt 1 : 10
1 senkrechte Lisene
2 Isolierung
3 Isolierglas
4 Neoprene
5 Gartner Spezialpanel
6 Geschoßdecke
7 Deckenanschluß

Links Mitte: Verwaltungsgebäude der Margarine-
Union GmbH Hamburg. Arch. Prof. Hentrich und
Petschnigg. Ausführung C.H. Jucho, Dortmund
1 Vertikalschnitt
2 Horizontalschnitt, links: im Fensterbereich,
  rechts: im Brüstungsbereich

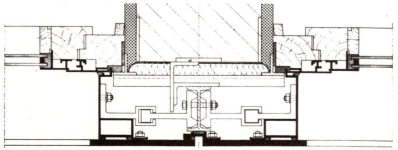

Außen und unten: Bürohaus der Sie-
mens Aktiengesellschaft Niederlassung
Düsseldorf. Planung: ZTB-Siemens, Erlangen. Ausführung: Ritter Aluminium
GmbH., Köngen

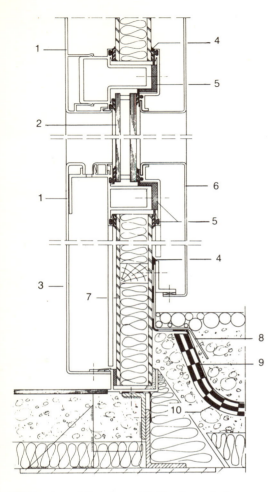

BP Benzin und Petroleum AG, Hamburg. Arch.
Prof. Kraemer, Pfennig und Sieverts

1 LM Verkleidung	6 Verkleidung Edelstahl
2 Isolierglas	7 Panel
3 Raum für Klimaan-	8 LM Blech
lage	9 Rhepanol
4 Versiegelung	10 Dachpappe
5 Neoprene	

Neubau Kreissparkasse, Waiblingen. Arch. Czermak
und Marohn. Schnitt 1 : 10

1 Neoprene	5 Höhendehnfuge
2 Drehflügel isoliert	6 Eternitpanel
3 Klimageräteverklei-	7 abgehängte Decke
dung	8 Horizontaldehnfuge
4 Befestigung und Bo-	9 Isolierung der Decke
denanschluß	

6.4 Korrosionsschutz bei Metallen

Die Gebrauchsmetalle Stahl und Eisen bilden mit Wasser- und Luftbestandteilen ihrer natürlichen Umgebung zahlreiche chemische Verbindungen, z.B. Hydoxide und Oxide. Dieser Vorgang auf der Metalloberfläche wird als Korrosion bezeichnet. Die Korrosionsprodukte sind unter den Namen „Rost" bei Stahl, „Grünspan" bei Kupfer, „Weißrost" bei Zink und Aluminium usw. bekannt.
Die Verwitterung ist eine alltägliche Naturerscheinung an der Oberfläche aller Gebrauchsmetalle. Weniger der Zerfall als vielmehr seine Geschwindigkeit ist bedeutsam. Viele Korrosionsvorgänge verlaufen äußerst langsam, so daß man sie in der Praxis unbeachtet lassekann. Einige Zersetzungserscheinungen sind anfänglich harmlos und verkapseln sich später selbst unter Deckschichten, die sich aus Bestandteilen des Metalls und des angreifenden Mediums bilden. Alle anderen Korrosionsvorgänge unterdrückt man aktiv durch Eingreifen in den Korrosionsablauf oder passiv durch Fernhalten korrosionsfördernder Stoffe mit Schutzüberzügen. Die passive Korrosionsverhütung bei Stahl erfolgt mit Schutzüberzügen aus organischen Stoffen, anderen Metallen, anorganischen Stoffen und Kombinationen hieraus.

Anstriche

Farben und Lacke lassen sich am einfachsten von allen Schutzüberzügen auftragen und bilden daher den weitestverbreiteten Oberflächenschutz. Sie verklammern sich mechanisch mit dem Grundwerkstoff.
Anstriche sind anfänglich fast immer am billigsten, ohne zusätzliche Schutzüberzüge aber auf die Dauer wegen begrenzter Haltbarkeit nicht immer am wirtschaftlichsten. Um an Pinselfurchen und Ritzstellen ein Unterrosten zu verhindern und so die Korrosionsbeständigkeit erheblich zu steigern, empfiehlt sich in stark korrosionsfördernder Umgebung eine Verzinkung vor dem Anstrichauftrag.
Anstriche behindern die Weiterverarbeitung nicht, seitdem es Typen gibt, über die man sogar hinwegschweißen kann, ohne die Güte der Schweißnaht zu gefährden. Vier Anstrichverfahren sind zu unterscheiden:
a) klassischer Anstrich
b) Walzstahlkonservierung
c) elektrophoretische Lackierung
d) elektrostatischer Farbauftrag

Klassische Anstrichverfahren sind noch die Regel im Brücken- und Hochbau, aber im Schwinden auf anderen Sektoren. Herkömmliche Anstriche werden auf die bereits fertiggestellten Einzelobjekte nach Abwittern oder geeigneter Vorbehandlung, z.B. Strahlen, Beizen, mit Pinsel, Spritzpistole oder durch Tauchen aufgetragen.

Walzstahlkonservierung setzt sich immer mehr durch. Bei diesem Schutzverfahren wird der Walzstahl, z.B. Bleche, Profile, noch im Hüttenwerk oder bereits vor dem Verbauen in der Stahlbauanstalt in mechanisierten oder sogar automatisierten Anlagen entrostet, entzundert und grundiert. Nach dem Zusammenbau erhalten die fertigen Objekte einen normalen Anstrich.
Anstrichstoffe bestehen aus füllenden Farbpigmenten, Bindemitteln und flüchtigen Lösungsmitteln. Die Rezeptur muß auf die Korrosionsbeanspruchung seitens der Umgebung sowie auf Formgebung, Werkstoff und andere Eigenarten des Schützlings abgestimmt werden. Eine spezielle Zusammensetzung sowie erfahrene Spezialfirmen erfordert der Anstrich feuerverzinkten Stahls. Als Pigment findet Zinkstaub wegen der ausgezeichneten kathodischen Schutzwirkung wachsende Verbreitung. Das aktive Rostschutzpigment Bleimennige wird erneut in den Vordergrund treten, nachdem hierfür geeignete, einfache Handgeräte zum Sprühen entwickelt worden sind. Bleimennige darf bei Einhaltung

Aluminium-Strangpreßprofile:

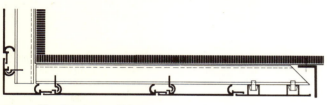

Export Metall Industrie GmbH

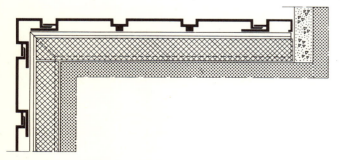

W. Hartmann & Co.

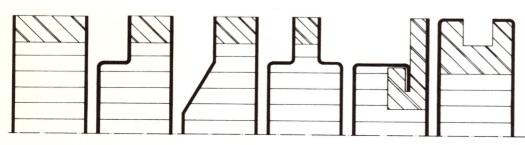

Aluminiumpanels. Johannes Brockmann GmbH & Co. KG

Boos + Hahn KG, Emaillier- und Stanzwerk

Straub + Sohn, Metallbau

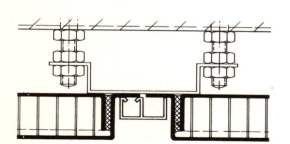

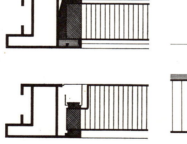

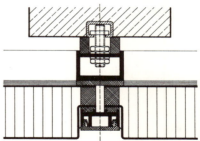

gewisser Schutzmaßnahmen gespritzt werden. Die Schichtdicken bei Anstrichen und Lackierungen betragen je nach Untergrund, Objekt und Beanspruchung 60 bis 180 μ. Wenige dicke Schichten sind bei Pinselauftrag schlechter als viele dünne Anstriche, wegen wechselnder Überdeckung von Pinselfurchen.

Der Einsatzbereich für Anstriche reicht von Stahlkonstruktionen und Bauten über Fahrzeuge bis zu Teilen jeder Art, selbst bei komplizierter Oberflächenform. Außenanstriche sind bei wetterfesten oder hochlegierten Stählen entbehrlich.

Elektrostatischer Farbauftrag hat große Bedeutung für die Serienfertigung erlangt, vor allem für Deckanstriche.

Bei der Elektrophorese muß der Anstrichstoff so aufgebaut sein, daß gleichartige Lackpartikel stets die gleiche Polung bei Lösung im Dispersionsmittel annehmen. Meist verwendet man wasserlösliche Anstrichmittel, deren Festkörper stets negatives Ion = Anion werden, zur dann positiv gepolten Ware = Anode wandern, sich neutralisieren und niederschlagen. Das Tauchbecken ist in diesem Fall negativ als Kathode geschaltet und geerdet. Die Spannung beträgt 50 bis 300 V. In einer Zeit von 2 bis 3 min scheidet sich eine Schicht von 20 bis 50 μ ab.

Die Elektrophorese erreicht einen Oberflächenschutz, der auf Ebenen etwas besser, an Kanten jedoch bedeutend haltbarer ist und in Spalten besser eindringt als herkömmliche Tauchverfahren.

Elektrophoreseanlagen tragen zu einem Fünftel Einschichtlacke auf; vier Fünftel aller Anlagen aber stellen Grundierungen eines Mehrschichtaufbaus her, dessen Deckschichten dann vorwiegend elektrostatisch aufgebracht werden, da elektrisch isolierende Grundanstriche keine zweimalige Anwendung der Elektrophorese gestatten, elektrisch leitende Grundanstriche aber einige Vorteile der Elektrophorese unwirksam machen.

7. Holz-Verschalungen

7.1 Werkstoffe

Holzverschalungen werden als Wetterhaut für Kaltfassaden oder als Tafelelemente für Sandwich-Konstruktionen im Fertigteilbau angewandt.

Die Verbretterung von Holzfachwerken war vor allem im Mittelalter — wo das Steinhaus als Privileg galt — weit verbreitet. Heute werden die Holzverschalungen geklinkert oder gespundet — senkrecht oder waagerecht — oder auch diagonal (Karweel) verbrettert.

Holzarten

Oregon Pine (Douglasie)

Oregon Pine zählt bei Jahresringbreiten von etwa 1 bis 3 mm zu den härteren Nadelhölzern und besitzt gute Festigkeitseigenschaften. Feinjährige Qualitäten sind von geringem Gewicht und leicht bearbeitbar. Stark grobjährige Hölzer neigen bei der Bearbeitung, wie andere weitringige Nadelhölzer, zu „wolligen" Flächen und beim Stemmen oder Nageln zum Platzen. Allgemein sind gleich gute Verarbeitungs- und Verleimungseigenschaften wie bei Kiefernholz zu erwarten. Abweichend hiervon sind bei Oregon Pine in Verbindung mit Feuchtigkeit und Eisenmetallen entstehende Reaktionsverfärbungen zu nennen, die farblich einer Pilz-Bläue ähneln. Aus diesem Grunde sind bei Außenverwendung und in Feuchträumen möglichst Nichteisenmetalle zu benutzen. Hervorzuheben sind das gute Stehvermögen von Oregon Pine und eine für die Verwendung am Außenbau genügende Witterungsfestigkeit. Bei stärkerer Erwärmung kann auf der Oberfläche, vor allem bei ungenügender Trocknung, Harz austreten.

Redwood

„Redwood" zählt zu den leichten Nadelhölzern, deren Festigkeitseigenschaften, ähnlich den europäischen Nadelhölzern, entsprechend der Jahrringbreite variieren können. Die besten Festigkeitswerte erreichen Hölzer mit 4—10 Jahresringen pro cm. — Redwood ist in jeder Richtung mit allen Werkzeugen bei nur geringem Kraftaufwand sauber zu bearbeiten; nur die selten vorkommenden grobjährigen Qualitäten neigen beim Fräsen, Bohren und Drechseln zu „wolligen" Flächen. Verleimungen sind von guter Haltbarkeit. Eisenmetalle und Alkalien verursachen je nach Feuchtegrad tiefgehende braune bis schwarze Reaktionsverfärbungen. Aus diesem Grunde sind saubere und trockene Lagerung bzw. entsprechende Verpackungen zu empfehlen. Besonders hervorzuheben sind neben dem geringen Gewicht und leichten Bearbeitung ein gutes Stehvermögen, hohe Witte-

rungsfestigkeit, Harzfreiheit und eine gute Wärmeisolation des Holzes. Redwood ist nicht aromatisch.

Brasilkiefer

Brasilkiefer zählt zu den mittelschweren Nadelhölzern und ist von den einheimischen Arten dem Lärchen- und Kiefernholz gewichtsmäßig am ähnlichsten. Es ist in allen Wereugen bei nur geringem Kraftaufwand gut bearbeitbar, wobei besonders beim Hobeln, Fräsen und Bohren glatte Flächen erzielt werden. Das Holz ist außerdem gut zu nageln, zu schrauben und zu leimen. Holzverbindungen sind leicht auszuarbeiten und von befriedigender Haltbarkeit. Das Stehvermögen der Brasilkiefer zeigt bei ungenügender Klimatisierung eine deutliche Neigung zum Verziehen, und bei größeren Längen kann es auch zu auffälligen Maßänderungen in Faserrichtung kommen (Hirnholzstöße möglichst mit Fuge). — Brasilkiefer ist geruchlos und harzt nicht. Die Witterungsfestigkeit ist gering, und wegen der Mitverarbeitung des Splintes besteht außerdem bei Feuchtigkeit die Gefahr des Verblauens. Die künstliche Trocknung ist aufgrund der oft unterschiedlichen Feuchte im gleichen Stück und einer ungleich schnellen Feuchteabgabe erschwert. Die Trocknung größerer Abmessungen ist darum zeitaufwendig und erfordert, um nachträgliche Verzugserscheinungen zu vermeiden, eine Nachlagerungszeit in einem Klima, das möglichst dem künftigen Verwendung entspricht.

Eiche

Eiche hat einen bräunlich-gelben Kern und weißlich-grauen Splint, der schnell verwittert und daher nicht mit verarbeitet werden darf.

Rotbuche

Dieses Holz ist gelblich-weiß, ohne bemerkenswerten Splint oder Kern; gedämpft hat es einen leichten rötlichen Ton. Die bei ungedämpften Hölzern oft anzutreffenden bräunlichen Kernstreifen gleichen sich bei Dämpfen dem neuen Farbton an.

Fichte

Fichtenholz ist ohne Kernfärbung, fast weiß, später gelblich, Harzkanäle sind feinporig. Bei Außenverwendung Behandlung mit ölhaltigen Holzschutzmitteln und Anstrichfarben.

Kiefer

Die besten Arten werden als „Polnische Kiefer" bezeichnet, sie eignen sich für alle angeführten Arbeiten. Die als „Archangelsk-Kiefer" aus Rußland eingeführten Hölzer haben vielfach

Jugendherberge Heilbronn. Arch. Großmann

Wohnhaus in England. Arch. Wormesley

Unten: Wohnhaus in Dänemark. Arch. Sørensen

Wohnhaus in Vedbaek/Dänemark, Arch. Sørensen

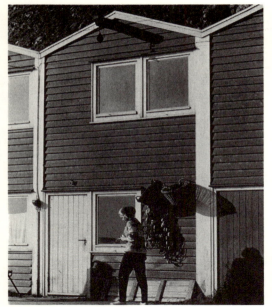

Helgoländer Fischerhäuser

Giebel-Detail. Vertikale Verbretterung. Arch. Monies

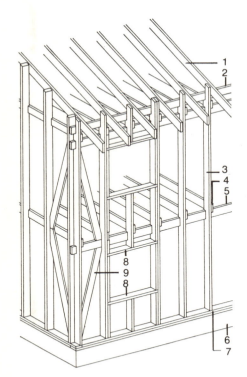

Ständerbau aus Bohlen
1 Sparren
2 Pfette
3 Ständerbohle
4 Gebälkbohle
5 Tragbohle
6 Sockel
7 Schwelle aus Bohlen
8 Fensterbohle
9 Verstellungsbohle

kleine, dunkle bis schwarze Äste und zeigen, oft erst nach der Bearbeitung, feine Frostrisse.

Sapelli
Sapelli wurde bislang fast ausschließlich zu Deckfurnieren gemessert, es liefert hierfür besonders große und markante Streifer für Türen und Vertäfelungen. Sapelli ist auch als Massivholz im Innen- und Außenbau einsetzbar, vor allem dort, wo höhere Festigkeitseigenschaften erforderlich sind, wie z.B. bei Treppenstufen, Handläufen, Geländern, Lagerhölzern, aber auch Rahmenkonstruktionen, wofür schlichte Qualitäten eine bessere Eignung aufweisen. Frische Hölzer besitzen einen säuerlichen und später einen lange anhaltenden, zedernartigen („pfefferigen") Geruch.
Gesamtcharakter: Farbiges und an der Oberfläche nur schwach porig erscheinendes Holz mit einem durch Struktur, Färbung und Glanz besonders dekorativem Holzbild.

Sipo
Sipo ist aufgrund der Festigkeit, der Verarbeitungseigenschaften, des Stehvermögens, der Witterungsfestigkeit und des Aussehens ein vielseitig einsetzbares Holz, das in kurzer Zeit das am meisten verwendete tropische Vollholz wurde. Im Außenbau bewährt für Türen, Tore, Fenster, Wandelemente, Verbretterungen und Schalungen.

Iroko
Iroko ist aufgrund des Stehvermögens und der Härte ein vielseitig verwendbares Holz. Im Außenbau für Tore, Pfosten, Türen und Verbretterungen; besonders geeignet für chemische Spezialbehälter.

Afzelia
Afzelia-Hölzer sind aufgrund von Festigkeit, Witterungsresistenz und Stehvermögen besonders für die Vollholzverwendung geeignet. Im Außenbau für Türen, Tore und Fenster. Blockware aus einheimischen Einschnitt in beliebigen Maßen. Profilhölzer, Messerfurniere.
Die Afzelia-Hölzer sind langsam aber ohne Schäden zu trocknen, nur bei stark unregelmäßigem Faserverlauf ist vor allem in Mittelbohlen mit Rißbildung und bei Seitenware mit Verziehen zu rechnen. Nach der künstlichen Trocknung ist im Werkstattklima ein mehrtägiges „Entspannen" zu empfehlen.
Bei anhaltendem starken Frost kann frisches Rundholz durch Rißbildung geschädigt werden.

Western Red Cedar
Red Cedar: Western Red Cedar wird hauptsächlich in flächenbildender Form verwendet, wo es keinen oder nur geringen mechanischen Beanspruchungen ausgesetzt ist. Hierbei findet es — u.a. auch wegen seiner Pilzfestigkeit — im Außenbau für Wandverkleidungen, Dachunterschläge, Windfedern, Dachabhängungen, Fensterläden, Pergolen und Dachschindeln Verwendung; da das verarbeitete Holz praktisch splintfrei ist, tritt keine „Verblauung" durch Pilzbefall auf.

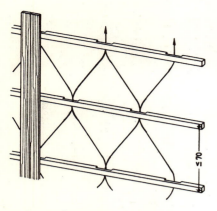 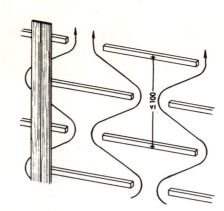 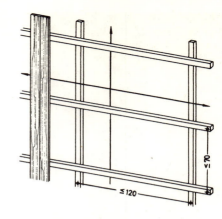

Unterkonstruktionen für Hinterlüftung
Vertikale Verkleidungen

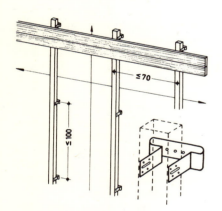  

Horizontale Verkleidungen

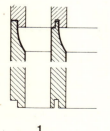 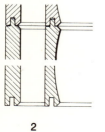 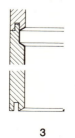 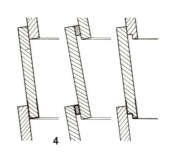

1	2	3	4

Horizontale Verbretterungen
1 Stülpschalungsbretter nach DIN 68 123
2 Gespundete Fasebretter nach DIN 68 122
3 Profilbretter mit Schattennut nach DIN 68 126
4 Bretter

Holzwerkstoffe

Durch richtungsabhängiges Quellen und Schwinden des Holzes ist es schwierig, dimensionsstabile plattenförmige Werkstücke aus Massivholz herzustellen. In großem Umfang werden aber Platten daraus hergestellt: durch Verkleben von Furnieren, Holzspänen, Holzfasern und Leisten.

Holzspanplatten

Sie bestehen aus Spänen besonderer Größe (Schneidespäne oder Mahlspäne), die mit Kunstharzbindemitteln unter Hitze und hohem Druck verpreßt werden.

Im Flachpreßverfahren wird durch Streuen der Späne ein ein- oder mehrschichtiges Spänevlies erzeugt, wobei das Pressen der Platten und Aushärten des Kunstharzleimes in großen hydraulischen mehretagigen Heizpressen oder in einem kontinuierlichen Bandverfahren erfolgt.

Durch Windsichtung der Späne während des Streuvorgangs ist es auf verhältnismäßig einfache Weise möglich, ein Spänevlies zu bilden, in dem sich die groben Späne in der Mitte und die feinen Späne außen befinden. Im Strangpreßverfahren (OKAL) wird ein endloser Plattenteppich hergestellt. Durch Querkreissägen wird das Band in gewünschten Längen aufgeschnitten. Die Strangpreßplatten können röhrenförmige Hohlräume aufweisen.

Sperrholz (Furnierplatten)

Platten, die aus mindestens drei kreuzweise miteinander verleimten Furnieren bestehen, werden als Sperrholz- oder Furnierplatten bezeichnet.

Herstellung: Rundholz oder bereits zugeschnittene Holzblöcke werden in Gruben gedämpft. Hierdurch wird die Herstellung von Furnieren (dünne Holzblätter) wesentlich erleichtert.

Rundholzblöcke werden entweder auf einer Schälmaschine zu Schälfurnieren, welche als zusammenhängendes Band anfallen, aufgearbeitet (Erkennungsmerkmal: fladerartige Holzstruktur), oder zugeschnittene Holzblöcke werden auf Messermaschinen zu Messerfurnieren aufgearbeitet, welche meist durch ihre schlichte Holzstruktur, die einem aufgeschnittenen Brett gleicht, zu erkennen sind.

Die Furniere werden in Band- oder Rollentrocknern getrocknet und in Furnierscheren auf Fixmaße zugeschnitten.

Brettware für Verschalungen wird besäumt oder unbesäumt zugeschnitten. Die Brettstärke wird noch häufig nach Zollmaß (1/2" — 5/8" — 3/4" — 7/8" — 1" etc.) angegeben.

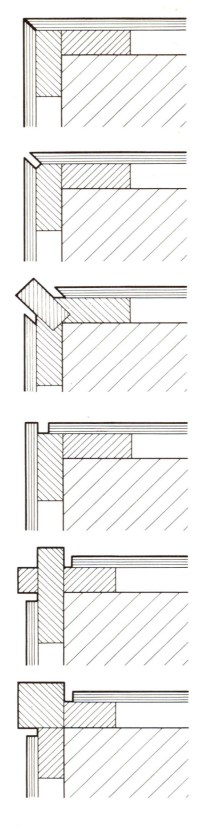

Eck-Lösungen bei horizontaler Verbretterung

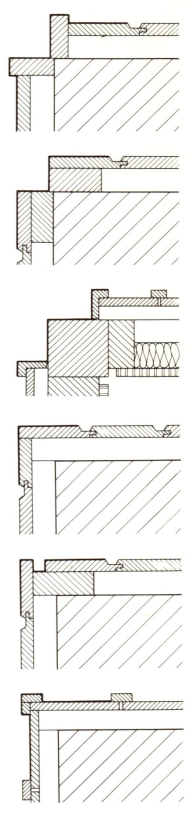

Eck-Lösungen bei vertikaler Verbretterung

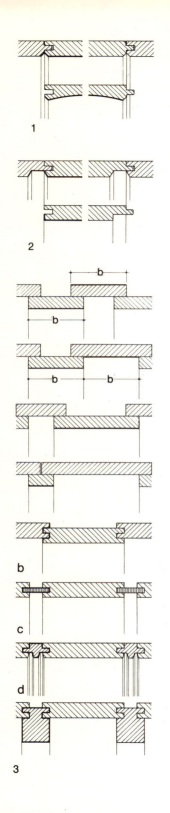

1

2

3

b

c

d

Vertikale Verbretterungen
1 gespundete Fasebretter nach DIN 68 122
2 Profilbretter mit Schattennut nach DIN 68 126
3 Variante in Anlehnung an DIN 68 126

Wandaufbau verschiedener Holzkonstruktionen. Aus db 11/72, nach G. Bode (Arbeitsgemeinschaft Holz)

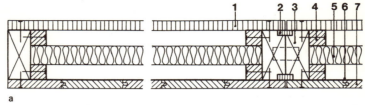

a

1 Spanplatten
2 Sperrholz
3 Füllholz
4 Holzleiste
5 Glaswoll-Matte
6 Kunststoff-Folie
7 Schalung

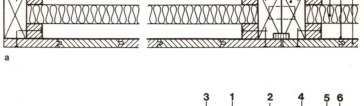

b

1 Spanplatten
2 Füllholz
3 Odenwald-Platte
4 Holzleiste
5 Holzschalung
6 Bitumenpappe

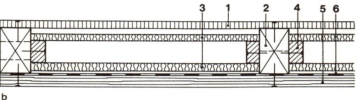

c

1 Spanplatte
2 Leiste
3 Füllholz
4 Odenwald-Platte
5 Holzwolle-Leichtbauplatte
6 Bitumenpappe
7 Holzschalung
8 Hartholzfeder
9 Deckleiste
10 Holzleiste

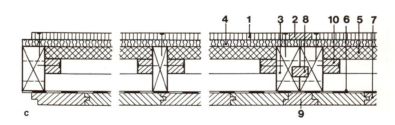

d

1 Sperrholz AW 100
2 Glaswolle-Platten
3 Sperrholz
4 Füllholz
5 Holzleiste
6 Bitumenpappe
7 Sperrholz AW 100

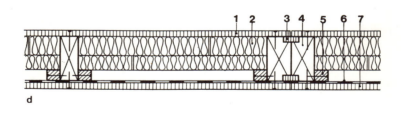

e

1 Sperrholz AW 100
2 Füllholz
3 Holzleiste
4 Holzwolle-Leichtbauplatte
5 Bitumenpappe
6 Sperrholz AW 100

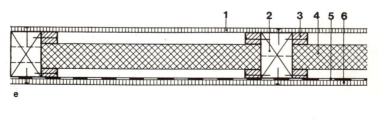

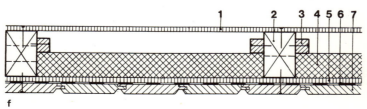

f

1 Sperrholz
2 Füllholz
3 Holzleiste
4 Holzwolle-Leichtbauplatte
5 Harte Holzfaserplatte
6 Bitumenpappe
7 Holzschalung

7.2 Ausführungsarten

Senkrechte Verschalung
Stülpschalung: Beste Ableitung des Wassers, jedoch bei breiten Brettern Gefahr des „Verwerfens". Verbindung durch Nut und Feder oder versetzt in 2 Lagen genagelt.

Horizontale Verschalung
Klinkerung: Die Bretter werden schräg überdeckt, so daß eine rustikale Wirkung entsteht. Der Wasserablauf ist gut. Eckverbindungen sind schwierig. Fenster erfordern Leibungskanten.

Karweel
2 Lagen schräge Schalungen, entgegengesetzt angeordnet, ergeben große Steifigkeit, die statisch genutzt werden kann. Die Entwicklung kömmt aus dem Schiffbau. Glatte Oberfläche, diagonal betont.

Bei hinterlüfteten Konstruktionen kann das eingedrungene Wasser in der Luftschicht verdunsten. Die Befestigung erfolgt auf Dachlatten 4 x 6 cm. Die Sockel-, Trauf- und Fensteranschlüsse werden zusätzlich durch Papp- oder Kunststoffstreifen gegen Feuchtigkeit isoliert. Die Brettware muß bei Nadelhölzern mind. 25 mm stark sein, 20 mm bei exotischen Hölzern.

Die Bretter enden 2 cm vor der Dachüberstandsschalung.
Die Befestigung erfolgt durch verdeckte Nagelung mit nichtrostenden Nägeln, durch sichtbare Schrauben oder durch Klemmprofile.
Die Abmessungen von Schalbrettern betragen 55 bis 95 mm Breite und 20 bis 25 mm Dicke. Hirnholzkanten werden leicht abgeschrägt oder nach oben abgedeckt.

Handelsmaße

Benennung	Original-schnitt Dicke (mm)	Spalt-ware Dicke (mm)	Zollbezeich-nung
besäumte	10	—	—
und	12	12	1/2''
unbesäumte	15	—	—
Bretter	18	16	5/8''
	20	19	3/4''
	24	22	7/8''
	26	25	1''
	30	29	9/8''
	35	—	—
	40	—	6/4''
	45	—	7/4''
	50	—	2''
	65	—	2 1/2''
	75	—	3''
	100	—	3''

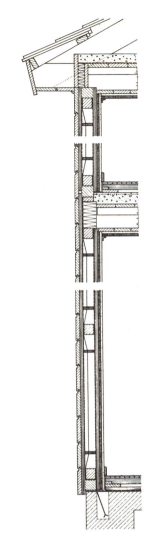

Außenwand

Gesichtspunkte für die Rohbauplanung
Genügender Abstand der Verkleidung vom Gelände bzw. den Fenstersimsen zum Schutz gegen Rückprallwasser. Durch nach außen geneigte Boden- bzw. Gesimsanordnungen kann das Spritzwasser verstärkt abgeleitet werden.
Wasserabführende Ausbildung der Verkleidung insbesondere an Tür- und Fensteranschlüssen. Die Verkleidung darf nirgends Mauerwerk, Beton oder den Erdboden berühren. An kritischen Stellen ist eine Absperrung gegen eindringende Feuchtigkeit vorzunehmen, z.B. durch Sperranstriche, Versiegelungen mit dauerelastischen Dichtungsmassen oder Blechverwahrungen.

Schnitt durch eine vorgefertigte Pavillonschule
1 Rinne
2 Außenseitig verbrettertes Wandelement
3 Wärmedämmung
4 Zinkabdeckung
5 Holzfensterelement zwischen die tragenden Stahlstützen gesetzt
6 Außenseitige Verkleidung mit verbretterten Brüstungselementen
7 Formstein
8 Innenverkleidung vor Stahlstützen durchlaufend

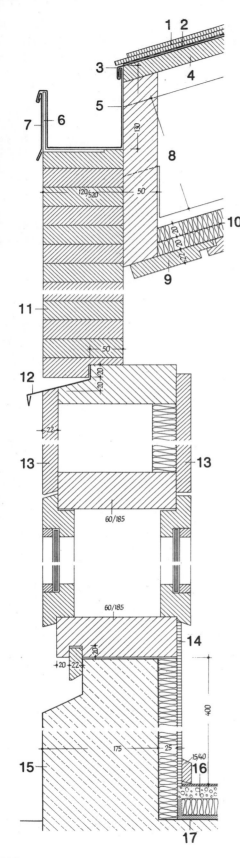

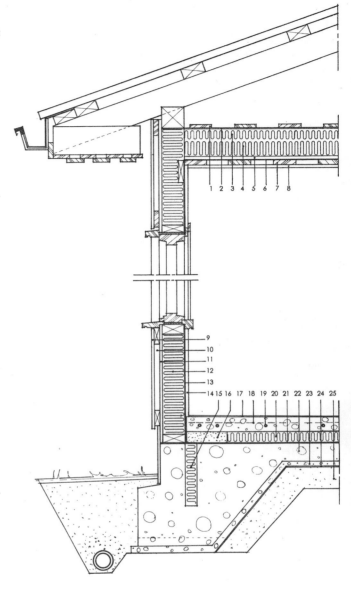

Links: Ev. Matthäuskirche, Wuppertal-Elberfeld. Arch. Pfefferkorn. Vertikalschnitt und Horizontalschnitt. Eckpunkt

1 Doppeldeckung aus naturfarbenen Asbestzementplatten
2 1 Lage Pappe
3 Einlaufblech
4 24-mm-Schalung
5 Rinnenkasten
6 Rinnenträger
7 Blende
8 Pfette 180 mm
9 gehobelte Schalung
10 2 x 20-mm-Mineralfaserplatten
11 Haupttragwerke aus verleimtem Brettschichtholz
12 Zinkblechabdeckung
13 Ausgleichsflächen über den Fenstern aus verleimten Platten
14 Internit-Verkleidung
15 Sichtbeton
16 PVC-Fliesen auf 20 mm Gußasphalt und auf 25-mm-Korkplatten
17 Dichtung (Mastix)

Holzrahmenwand. Arch. Ervi
Decke
1 Bretter
2 diffusionsfähige, wasserabweisende Spezial-Filzpappe
3 Tragende Holzkonstruktion 12,5 cm
4 Wärmedämmung 5 cm + 7,5 cm
5 Weichfaserplatte oder Papier
6 Dampfbremse
7 Deckenunterkonstruktion
8 Holzverschalung oder Platten
Wand
9 Fassadenplatten oder Holzverschalung
10 Luft
11 diffusionsfähige, wasserabweisende Spezial-Filzpappe
12 Tragende Holzkonstruktion + Wärmedämmung 10 cm

13 Dampfbremse
14 Spanplatte 16 mm
Fußboden
15 Wärmedämmung 5 cm
16 Sand
17 Bodenbelag
18 Estrich
19 Heizröhre (Fußbodenheizung)
20 Wärmedämmung 5 cm
21 Dampfsperre
22 Beton (Rohdecke)
23 Beton 2–3 cm (Sauberkeitsschicht)
24 Ölpapier
25 Kies 15–20 cm

Gestaltung des Baukörpers und der Details, in der Weise, daß die von der Witterung beanspruchten Holzteile für eine Kontrolle und spätere Nachbehandlung zugänglich bleiben.
Bei vordachlosen Fassadenverkleidungen sind in bezug auf die Materialqualität und Verarbeitung strengere Anforderungen zu stellen.

Holzqualitäten

Für die Qualität des Holzes gelten DIN 68 365 „Bauholz für Zimmererarbeiten", bzw. DIN 68 360 „Holz für Tischlerarbeiten".
Zusammenfassend kann gesagt werden, daß für Außenverkleidungen, die in der Regel in kürzeren Abständen befestigt werden, alle handelsüblichen Qualitäten geeignet sind, d.h. sägerauhe und gehobelte Bretter, astreine oder astige Qualitäten (mit festverwachsenen Ästen), Nadelholz mit Kern und Splint.

Holzfeuchtigkeit

Die Ausgleichsfeuchte beträgt im Mittel 15 %. Beim Einbau sollte der Feuchtigkeitsgehalt von Profilbrettschalungen nicht mehr als 20 % betragen. Die Prüfung erfolgt zweckmäßig mit einem Holzfeuchtigkeitsmesser.

7.3 Holzschutz

Zwei Arten von Holzschutzmaßnahmen werden unterschieden: die des baulichen Holzschutzes — durch entsprechende Konstruktionen und die des chemischen Holzschutzes — durch Oberflächenbehandlung.
Baulicher Holzschutz ist die dauerhafte Bewahrung des Holzes vor schädlichen Einflüssen durch baulich-konstruktive Maßnahmen.
Zahlreiche alte Block- und Fachwerkhäuser sowie Brücken beweisen, daß es durchaus möglich ist, Holzbauten allein schon durch richtige Bauweise Jahrhunderte hindurch zu bewahren. Chemischer Holzschutz kann nur wirksam sein, wenn zugleich die Grundregeln des baulichen Holzschutzes beachtet werden. Für den Schutz von Holz gegen Fäulnis gelten folgende Regeln:
1. Holz muß auch nach dem Einbau von allen Seiten von bewegter Luft umspült sein, damit es immer wieder austrocknen kann.
2. Holzoberflächen, die gelegentlich, z.B. durch Regen, befeuchtet werden, müssen schnell austrocknen können. Holz, luftig verbaut und gegen Zutritt von Regen geschützt, erscheint gegen Pilzbefall ausreichend gesichert.
Der chemische Holzschutz ist eine zusätzliche Sicherung. An einzelnen Stellen der Konstruktion, bei denen die Luftbewegung gehemmt wird, ist er unbedingt notwendig.

Bei freiverbauten Holzkonstruktionen sind folgende Stellen besonders gefährdet:
a) Die Oberseite von waagerechten Balken, besonders wenn trockene Risse vorhanden sind
b) die Wirkungsflächen zwischen Hölzern oder zwischen Holz und Mauerwerk, Beton usw.
c) Hirnholzenden von Pfosten
d) alles Holzwerk, das ständig mit Erde in Berührung steht
e) Versatz- und Zapfenlöcher in waagerecht liegenden Hölzern
f) alle lotrechten Bolzenlöcher, zu denen Regen und Wasser Zutritt haben
g) bei Balkonen usw., die der Wetterseite zugekehrten Randlängsträger.
Die wichtigsten konstruktiven Maßnahmen des Holzschutzes sind:
a) Schutz des Holzwerkes durch hinterlüftete Verschindelung u. lotrechte Verschalung oder Schutz durch ausreichende Überstände
b) Schutz des Holzwerkes vor Spritzwasser vom Erdboden her. Nirgends darf Holz Mauerwerk, Beton oder Erdreich berühren
c) Gewährleistung einer ungehinderten Dampfdiffusion in den Schichtkonstruktionen sowie Vermeidung jeder Tauwasserbildung in Holzkonstruktionen.
Die Oberfläche des Holzes kann mit Lasuranstrichen und Klarlackierungen behandelt werden. Pigmentierte Imprägnierlasuren sind ölhaltige Kunstharzlösungen mit färbenden, teils wasserabweisenden fungiziden und insektiziden Effekten. Der dünnflüssige Anstrich ist leicht verarbeitbar. Die Atmungsfähigkeit des Holzes bleibt erhalten. Es bekommt eine matte, etwas rauhe Oberfläche, die mit ihrem rustikalen Eindruck besonders bei ländlicher Bauweise geschätzt wird.
Die behandelten Hölzer sind offenporig. Dadurch kann Feuchtigkeit schnell verdunsten; Pilzbildungen bleiben für lange Zeit ausgeschlossen. Imprägnierlasuren werden vorwiegend in holzgerechten Farben geliefert. Die Wirkung der Lasur ist von Art und Menge der Pigmentierung abhängig. Die saugenden Frühholzjahresringe färben stärker ein als die nichtsaugenden Spätholzjahresringe. Es entsteht eine dekorative Umkehrwirkung der Maserungen, die durch Witterungseinwirkung immer stärker zum Ausdruck kommt. Dabei sind dunklere Lasurfarben farbbeständiger als helle. Nadelhölzer werden bevorzugt mit Lasurfarben behandelt.
Außenklarlacke sind Kunstharzkombinationen, mit denen porenschließende und schichtbildende Oberflächenbehandlungen erzielt werden. Natürliche Holzfarben und Maserungen sollen erhalten bleiben. Die Oberflächen der Holzteile sind nach der Lackierung glatt und blank und

zeigen nur geringe Staubanhaftung. Porenschließung und Schichtbildung konservieren das Holzwerk, in dem sie es vor Luft und Nässe abschließen. Es entstehen keine Luftrisse und Vergrauungen. Die günstigste Holzfeuchtigkeit für einen Anstrich liegt zwischen 10 und 12 Prozent, sie darf 15 Prozent nicht überschreiten. Bläueanfällige Nadelhölzer, zum Beispiel Kiefernsplintholz, müssen vorher mit bläueschützenden Imprägnierungen behandelt werden. Als deckende Anstrich- und Lackiersysteme werden stark pigmentierte, meist weiße Öl-Kunstharz-Lackfarbenanstriche bezeichnet. Sie wirken porenschließend und schichtbildend und decken die natürliche Holzfarbe und Maserung des Holzes völlig ab. Deckende Anstriche und Lackiersysteme gewährleisten die größte Wetterbeständigkeit aller Arten der Oberflächenbehandlung.

Fabrikate

Die nachfolgende Aufzählung der Imprägnierlasuren erhebt keinen Anspruch auf Vollständigkeit und bedeutet keine Güteklassifizierung.
1. Avenarol-Lasurfarbe
2. Bondex
3. Fernorit
4. Glassomax-Holzlasur
5. Herbol-offenporig
6. Impra-Ng-Edelholzfarben
7. Kulba-Lasur
8. Osmo-Color
9. PX 65 Sadolin's Holzveredelung
10. Sikkens Rubbol THB
11. Tixet-Holzlasur
12. Ultra-Solignum
13. Xylamon-Farblasur

Literatur

Außenverkleidungen, Informationsdienst Holz

Berichte der Aluminium-Zentrale e.V.:
  Aluminium-Fassaden
  Aluminiumguß für Fassaden
  Aluminium im Industriebau

Betonfertigteil-Katalog, Hrsg. Bundesverband der Deutschen Zementindustrie, 1967, 2. Auflage

Beton- und Stahlbeton-Fertigteil-Normen, DIN-Taschenbuch

Deutscher Naturstein-Verband: Richtlinien für das Versetzen und Verlegen von Natursteinen

Deutscher Verzinkerei-Verband: Wellblech-Handbuch für Konstruktion und Montage, Stahldach-Baufibel

Grunau, E.: Fugen im Hochbau, 1973, 2. Auflage

Informationsstelle Edelstahl-Rostfrei u.a.: 18/8 Handbuch für Architekten, Loseblatt-Sammlung, Düsseldorf-Oberkassel

keramos, Hausnachrichten von Villeroy & Boch

Merkblätter der Beratungsstelle für Stahlverwendung:
  325 Kunststoffbeschichtetes Stahlblech
  329 Zinküberzug
  414 Emaillegerechtes Konstruieren in Stahlblech
  434 Wetterfester Baustahl
  161 Überzüge zum Schutz und Bauen mit Naturwerkstein
  203 Stahltrapezbleche für Dach und Wand
  400 Die Korrosionsbeständigkeit feuerverzinkten Stahles
  438 Bauen mit Stahlblech

Merkblätter des Fachverbandes Keramische Spaltplatten und Baukeramik e.V., Wiesbaden

Merkblattreihe Holzarten, Arbeitsgemeinschaft Holz e.V., Düsseldorf

Meyer-Bohe, W.: Vorfertigung, Handbuch, Essen 1975, 2. Auflage

Neufert, E.: Eternit-Handbuch. Eternit-Fassaden, Verlegeanweisung

Schaupp, W.: Die Außenwand. Fassaden, Julius Hoffmann Verlag, 1973

Vaessen, F.: Bauen mit vorgefertigten Stahlbetonteilen

Ziegel-Bauberatung: Planung und Ausführung von Ziegelsicht- und Verblendmauerwerk

Firmen-Kataloge der Systemhersteller: Imbau, Dywidag, Hochtief, Küppers, Brockhouse, Ytong, Siporex u.a.

Fotonachweis

S. 6: Goertz-Bauer, Düsseldorf; S. 7: USIS, Bad Godesberg; Bedarshi, Tel Aviv; Siebold, Avusy/Athenaz; S. 8: Korab, Troy; Dupain, Sydney; Siebold, Avusy/Athenaz; Pfeifer, Luzern; S. 9: v. d. Ropp, Köln; USIS, Bad Godesberg; Werkfoto Normko, Essen; Winkler, Bern; S. 10: Meyer-Bohe, Kiel; S. 12: Blunck, Kiel; Greater London Council, London; Snoek, London; Kinold, Karlsruhe; Isenschmid & Müller, Basel; Brun, Oslo; S. 18: Villeroy & Boch, Mettlach; S. 19: de Sandalo, Frankfurt/Main; Villeroy & Boch, Mettlach; S. 20: Villeroy & Boch, Mettlach; S. 21: UNESCO; Mer, Antibes; S. 22, 24/25: Villeroy & Boch, Mettlach; S. 31: Urhausen, Köln; S. 32: Monshouwer, Rotterdam; Werkfoto Gerhäuser; S. 39: Laing, London; Strüwing; S. 42: Ludwig, Saarlouis; S. 43: Hedrich-Blessing, Chicago; S. 44: Cabanban, Chicago,; S. 45: Wayss & Freytag KG, Frankfurt/Main; Klemm, Genf; S. 54: Rübartsch, Heidelberg; v. d. Becke, Berlin; S. 55: Rübartsch, Heidelberg; Lessmann, Hannover; Hermann, Berlin; S. 56: Kessler, Berlin; Spengelin, Hamburg; Thomas, Campione-Lugano; S. 57: Meier-Menzel, Murnau; Thomas, Campione-Lugano; S. 58: Eternit Pressedienst, Berlin; S. 68: Alstercolor, Hamburg; S. 69: BASF; S. 70: Mayer, München; Marley; Hüls; S. 71: Hüls; Schmid, Biberach; S. 75: Stahlberatung, Düsseldorf; S. 76: Stahlberatung, Düsseldorf; Zinkberatung Düsseldorf; Goertz-Bauer, Düsseldorf; S. 83: Schneider-Wessling, Bad Godesberg; S. 84: Werkfoto Deutsche Edelstahlwerke AG, Krefeld; General Motors; S. 85: Werkfoto HOAG; Werkfoto ATH; Nickel-Informationsbüro GmbH, Düsseldorf; Stahlberatung, Düsseldorf; S. 86: Werkfoto HOAG; Nordmark-Film, Kiel; S. 91: Alu Singen; Eckert, Lauingen; S. 92: Eckert, Lauingen; Aluminium-Zentrale; Grempel; S. 93: Benner, Stuttgart; Neubert; Werkfoto Gartner; S. 94: Werkfoto Gartner; Alcan Aluminiumwerke GmbH, Nürnberg; S. 104: Planck, Stuttgart; Atkinson; Tholstrup; S. 105: Helmer-Petersen, Kopenhagen